자기계발코칭전문가
6단계 시스템

1단계
방탄자존감

2단계
방탄멘탈

3단계
방탄습관

자기계발 코칭전문가 1

자기계발 코칭전문가 2

자기계발 코칭전문가 3

4단계
방탄행복

5단계
방탄자기계발

6단계
방탄코칭

자기계발 코칭전문가 4

자기계발 코칭전문가 5

자기계발 코칭전문가 6

1

자기계발코칭전문가 1
(방탄자존감)

1명의 명품 인재가 10만 명을 먹여 살리고
4차 산업 시대에는 명품 인재인
방탄자기계발 전문가 1명이
10만 명의 인생을 변화 시킨다!

방탄자기계발 신조

들어라 하지 말고 듣게 하자.
누구처럼 살지 말고 나답게 살자.
좋아하게 하지 말고 좋아지게 하자.
마음을 얻으려 하지 말고 마음을 열게 하자.
믿으라 말하지 말고 믿을 수 있는 사람이 되자.
좋은 사람을 기다리지 말고 좋은 사람이 되어주자.
보여주는(인기) 인생을 사는 것이 아닌 보여지는(인정)
인생을 살아가자.
나 이런 사람이야 말하지 않아도 이런 사람이구나.
몸, 머리, 마음으로 느끼게 하자.
－최보규 방탄자기계발 창시자 －

만나서 반갑습니다!

가슴이 설레는 만남이 아니어도 좋습니다.
가슴이 떨리는 운명적인
만남이 아니어도 좋습니다.

만남 자체가 소중하니까요!
고맙습니다!
감사합니다!
사랑합니다!

가슴이 설레는
만남이 아니어도 좋습니다.

가슴이 떨리는
운명적인 만남이 아니어도 좋습니다.

만남 자체가 소중하니까요.

직접 만나는 것도 만남이고
책을 통해서 만나는 것도 만남입니다.

최보규 방탄자기계발 전문가의 만남으로
"당신은 제가 좋은 사람이 되고 싶도록 만들어요."
라는 인생을 살 것입니다.

좋은 일이 생길 겁니다.

방탄자기계발 소개

방탄자기계발은 노오력 자기계발이 아닌 올바른 노력 자기계발을 하는 것입니다.

20,000명 상담, 코칭! 자기계발서 12권 출간! 자기계발 습관 204가지 만들고 직접 자기계발을 하면서 알게 된 자기계발의 비밀!

지금 대부분 사람들의 자기계발 환경이 어떤지 아십니까?

하루에도 자기계발, 동기부여 연관된 영상, 글, 책, 사진들 수도 없이 엄청나게 많이 보는데 10년 전보다 스마트폰 없는 시대보다 1,000배는 더 좋은 환경인데도 스마트폰 시대 10년 전보다 더 자기계발, 동기부여를 더 못하는 현실입니다.

10년 전 스마트폰 없던 시대보다 자기계발을 더 못하는 이유가 뭘까요?

단언컨대 자기계발 본질을 모르고 하기 때문입니다.

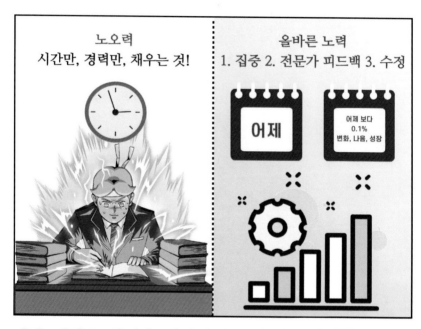

어떤 것이든 본질을 알아야만 노오력이 아니라 올바른 노력을 할 수 있습니다.

노력은 경험만 채우고 시간만 때우는 노력입니다.
지금 시대는 노력이 배신하는 시대입니다.

올바른 노력은 어제보다 0.1% 다르게, 변화, 마음, 성장하는 것입니다.

	인생의 본질
	헬스, 운동 본질
	직장, 일 본질
	연애, 사랑 본질
	인간관계 본질
	자기계발 본질

인생의 모든 본질은 정답이 없지만 기본을 지키지 않으면 결과가 나오지 않습니다.

운동의 본질은 헬스, 운동의 기본기를 배우지 않는 사람이 좋은 헬스장으로 옮긴다고 헬스, 운동 습관이 만들어지는 것이 아닙니다.

직장의 본질은 월급 날짜만 기다리는 사람이 직장을 바꾼다고 일에 대한 의욕이 생기지 않습니다.

사랑의 본질은 평상시에 사랑 받을 행동을 안 하는 사

람은 사랑하는 사람이 생겨도 사랑 받을 수가 없습니다.

인간관계의 본질은 내가 좋은 사람이 되기 위해 학습, 연습, 훈련을 안 하는 사람은 좋은 사람이 생겨도 금방 떠나갑니다.

자기계발의 본질인 방탄자존감, 방탄멘탈, 방탄행복, 방탄습관, 방탄자기계발 모르는 사람은 자기계발 책 200권 자기계발과 연관된 영상, 글, 책, 사진 등 1,000개를 보더라도 자기계발을 시작을 못합니다.

방탄자기계발 본질 학습, 연습, 훈련을 통해 나다운 인생을 살 수 있게 방향을 잡아주고 자신 분야 삼성(진정성, 전문성, 신뢰성)을 높여 줄 것입니다. 더 나아가 자신 분야 제2의 수입, 제3의 수입을 올릴 수 있는 연결고리를 만들어 줄 것입니다.

기회를 기다리는 자기계발
기회를 만들어 가는 방탄자기계발
때를 기다리는 자기계발
때를 만들어 가는 방탄자기계발
- 최보규 방탄자기계발 전문가 -

목차

명품자기계발 소개 ·· 05

명품자기계발 조건 ·· 11

자기계발코칭전문가 내공, 가치, 값어치 ········ 22

자기계발코칭전문가 커리큘럼 ·················· 26

자기계발코칭전문가 필기/실기 ···················· 29

1장 방탄자존감

1강 나답게 살자 원리32

★ 방탄자존감의 본질! 방탄자존감 굳이 배워야 하나? ······· 33

★ 20,000명을 상담, 코칭하면서 알게 된 자존감의 비밀!
··· 40

★ 모든 사람들의 24시간은 같지만 질, 농도, 결과는 다르
게 만드는 방탄자존감! ··· 43

★ 4차 산업시대는 4차 자존감인 방탄자존감 선택이 아닌
필수! ··· 56

2강 나답게 살자 학습, 연습, 훈련 ····················· 61

★ 세상, 현실, 주위 사람들의 기준의 자존감 해석이 아닌

　방탄자존감으로 해석을 해야 된다! ································· 64

★ 인간관계(개)를 잘하는 방법은? ································· 67

★ 자존감 바람 ··· 77

★ 자존감 예방접종 ··· 81

★ 자존감 충전 방법 ··· 84

★ 자존감 낮은 사람들이 자주하는 말?

　자존감 높은 사람들이 자주하는 말? ·························· 89

★ 자존감 본질 학습, 연습, 훈련을 어떻게 할 것인가? ······ 92

#. 부록 (방탄자기계발사관학교) ···················· 96

#. 출처, 참고서적 ·· 203

명품자기계발 조건

명품
자기계발

명품 자기계발의 조건!

1. 단 하나 (only one)
   방탄자기계발 코칭은 오직 최보규 창시자만 가능하다.

2. 책임감 (150년 a/s, 관리, 피드백)

3. 체계적인 1:1 맞춤 시스템 (9단계 시스템)

4. 20,000명 상담, 코칭 (상담 전문가)

5. 삼성이 검증된 전문가(진정성, 전문성, 신뢰성)
   자기계발 책 12권 출간

20,000명 상담, 코칭으로 알게 된
나다운 인생길 네비게이션!

예측
운전

자신

방어
운전

방탄
자존감

방탄
멘탈

방탄
습관

방탄
행복

자신 분야를 자동차 4개의 바퀴로 비유하자면 방탄자존감, 방탄멘탈, 방탄습관, 방탄행복이고 핸들은 (이루고 싶은 것) 방탄자기계발이다! 방탄자존감, 방탄멘탈, 방탄습관, 방탄행복을 통해 자신 분야 삼성(진정성, 전문성, 신뢰성)을 올려서 제2수입, 제3수입, 월세, 연금성 수입을 발생 시켜 온라인 건물주로 만들어 주는 것이 방탄자기계발이다.

방탄
자기계발

4차 산업 시대는 방탄자기계발이다!

꽃, 열매는(자신, 자신 분야) 화려하고 보기 좋았는데 뿌리가(자신, 자신 분야) 썩어 죽어가고 있다?

가장 중요한 뿌리(방탄자존감, 방탄멘탈, 방탄습관, 방탄행복)를 학습, 연습, 훈련을 하지 않으면 자신, 자신 분야 삼성(진정성, 전문성, 신뢰성)을 올려 제2수입, 3수입을 만들어 주는 방탄자기계발이라는 꽃, 열매는 얻을 수 없다!

방탄 자기계발

삼성이 검증된 방탄자기계발전문가

| Google 자기계발아마존 | ▶YouTube 방탄자기계발 | NAVER 방탄자기계발사관학교 | NAVER 최보규 |

자신 분야
삼성(진정성, 전문성, 신뢰성)
제2, 3수입을 올려 온라인 건물주 되자!

80%는 **교육으로 만들어진다?** 300% 틀렸습니다!

세계 최초! 방탄자기계발
효율적인 교육 시스템!

교육

= 20%

1단계

스스로
학습, 연습, 훈련

= 30%

2단계

검증된 전문가
a/s,관리,피드백

= 50%

150년
a/s,관리,피드백

feedback

3단계

20,000명 상담, 코칭을 하면서 알게 된 2:3:5공식!

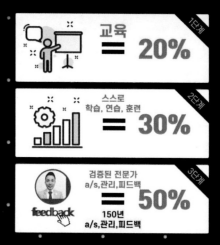

평균적으로 학습자들은 교육만 받으면 80% 효과를 보고 동기부여가 되어 행동으로 나올 것이라고 착각을 합니다.

그러다 보니 교육을 받는 동안 생각만큼, 돈을 지불한 만큼 자신의 기준에 미치지 못하면 효과를 보지 못한 거라고 지레짐작으로 스스로가 한계를 만들어 버립니다. 그래서 행동으로 옮기지 못하는 것이 상황과 교육자가 아닌 자기 자신이라는 것을 모릅니다.

20,000명 상담. 코칭, 자기계발서 12권 출간, 자기계발 습관 204가지 만듦, 시행착오, 대가 지불, 인고의 시간을 통해 가장 효율적이며 효과적인 교육 시스템은 2:3:5라는 것을 알게 되었습니다.

교육 듣는 것은 20% 밖에 되지 않습니다. 교육을 듣고 스스로가 생활 속에서 배웠던 것을 토대로 30% 학습, 연습, 훈련을 해야 합니다.

가장 중요한 50%는 학습, 연습, 훈련한 것을 검증된 전문가에게 꾸준히 a/s, 관리, 피드백을 받아야만 2:3:7공식 효과를 볼 수 있습니다.

자기계발코칭전문가
내공, 가치, 값어치

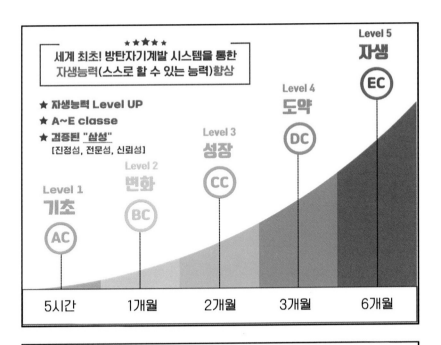

세계 최초! 방탄자기계발 시스템을 통한
자생능력(스스로 할 수 있는 능력)향상

★ 자생능력 Level UP
★ A~E classe
★ 검증된 "삼성"
　　[진정성, 전문성, 신뢰성]

Level 1
기초
AC

Level 2
변화
BC

Level 3
성장
CC

Level 4
도약
DC

Level 5
자생
EC

5시간　　　1개월　　　2개월　　　3개월　　　6개월

검증된 전문가 교육시스템
회원제를 통한 무한반복 학습, 연습, 훈련
오프라인 전문상담사가 검진 후 특별맞춤 학습, 연습, 훈련

검증된 강사코칭 전문가
세계 최초 강사 백과사전
강사 사용설명서를 만든 전문개!
150년 A/S, 관리해주는 책임감!

검증된 책 쓰기 전문가 12권
나다운 강사, 나다운 강사2
나다운 방탄멘탈, 행복히어로
나다운 방탄습관블록
나다운 방탄 카피 사전
나다운 방탄자존감 명언 I
나다운 방탄자존감 명언 II
방탄자기계발 사관학교 I
방탄자기계발 사관학교 II
방탄자기계발 사관학교 III
방탄자기계발 사관학교 IV

검증된 자기계발 전문가

방탄행복 창시자!
방탄멘탈 창시자!
방탄습관 창시자!
방탄자존감 창시자!
방탄자기계발 창시자!
방탄강사 창시자!

검증된 상담 전문가
20,000명 상담, 코칭!
혼자 독학하기 힘든 행복, 멘탈, 습관
자존감, 자기계발, 강의, 강사
1:1 케어까지 해주며 행복 주치의가
되어주는 전문가!

카페에 피카소가 앉아 있었습니다. 한 손님이 다가와 종이 냅킨 위에 그림을 그려 달라고 부탁했습니다. 피카소는 상냥하게 고개를 끄덕이곤 빠르게 스케치를 끝냈습니다. 냅킨을 건네며 1억 원을 요구했습니다.

손님이 깜짝 놀라며 말했습니다. 어떻게 그런 거액을 요구할 수 있나요? 그림을 그리는데 1분밖에 걸리지 않았잖아요. 이에 피카소가 답했습니다.

아니요. 40년이 걸렸습니다. 냅킨의 그림에는 피카소가 40여 년 동안 쌓아온 노력, 고통, 열정, 명성이 담겨 있었습니다.

피카소는 자신이 평생을 바쳐서 해온 일의 가치를 스스로 낮게 평가하지 않았습니다.

- 출처: <확신> 롭 무어, 다산북스, 2021 -

자기계발코칭전문가
커리큘럼

자신의 무한한 가능성을
방탄자기계발사관학교에서 시작하세요!
150년 a/s, 관리, 피드백 함께하겠습니다!

커리큘럼

Google 자기계발아마존

클래스명	내용	2급(온라인)	1급(온,오)
방탄자존감	나답게 살자! 원리 학습, 연습, 훈련	1강, 2강	5시간
방탄멘탈	멘탈 보호막 원리 학습, 연습, 훈련	3강, 4강	5시간
방탄습관	습관 보호막 원리 학습, 연습, 훈련	5강, 6강	5시간
방탄행복	나다운 행복 만들기 원리 학습, 연습, 훈련	7강, 8강	5시간
방탄자기계발	지금처럼이 아닌 지금부터 살자! 원리, 학습, 연습, 훈련	9강, 10강	5시간
방탄코칭	코칭전문가 10계명 (품위유지의무)	11강	5시간

"국가등록 민간자격"

★ 자격증명 : 자기계발코칭전문가 2급, 1급
★ 등록번호 : 2021-005595
★ 주무부처 : 교육부
★ 자격증 종류 : 모바일 자격증

교재
(선택사항 / 별도 구매)

NAVER 방탄카피사전   NAVER 방탄자존감명언   NAVER 방탄멘탈

NAVER 방탄습관   NAVER 행복히어로   NAVER 최보규

방탄자존감1

방탄자존감2

방탄자존감3

방탄멘탈

방탄습관

방탄행복

자기계발코칭전문가
필시/실기

자기계발코칭전문가2급
필기/실기

자기계발코칭전문가2급 필기시험/실기시험

#. 자격증 검증비, 발급비 50,000원 발생
  (입금 확인 후 시험 응시 가능)

▶ 1강~10강(객관식):(10문제 = 6문제 합격)

▶ 11강(주관식):(10문제 = 6문제 합격)

▶ 시험 응시자 문자, 메일 제목에 자기계발코칭전문
  가2급 시험 응시합니다.
  최보규 010-6578-8295 / nice5889@naver.com

▶ 네이버 폼으로 문제를 보내주면 1주일 안에 제출!
  합격 여부 1주일 안에 메일, 문자로 통보!
  100점 만점에 60점 안되면 다시 제출!

자기계발코칭전문가1급 필기/실기

자기계발코칭전문가1급 필기시험/실기시험

자기계발코칭전문가2급 취득 후 온라인(줌)1:1, 오프라인1:1 선택 후 5개 분야 중 하나 선택(방탄자존감, 방탄멘탈, 방탄습관, 방탄행복, 방탄자기계발=9가지) 한 분야 5시간 집중 코칭 후 2급과 동일하게 필기시험, 실기시험(코칭 비용 상담)

자신의 무한한 가능성을

방탄자기계발사관학교에서 시작하세요!
150년 a/s,관리,피드백 함께하겠습니다!

1장 방탄자존감

Google 자기계발아마존

자기계발코칭전문가
1강
나답게 살자 원리

인생을 마법처럼
한 번에 바꿔주는 것은 없다!
하지만 방탄자존감은
인생을 마법처럼 바꿔준다.

방탄자존감은
행복, 사랑, 돈 인간관계,
인생, 꿈 등
이루고 싶은 것을
마법처럼 바꿔준다.

방탄자존감은
선택이 아닌
필수다!

운전 할 때 중요한 게 뭐에요? 방어운전입니다. 인생도
길이라고 합니다. 인생길에서 가장 중요한건 방탄자존감
입니다.

고속도로에서 방어운전의 1순위가 10분의 휴식입니다.
10분의 휴식이 자신, 가족, 상대방 생명을 지키듯
인생 고속도로에서는 방탄자존감이 자신, 가족, 상대방
을 지킵니다.

방탄자존감 본질

자존감 굳이 배워야 하나요?
그냥 살면 안 되나요?
나이 먹으면서
자연스럽게 배우는 거 아닌가요?

방탄자존감을 삼성이 검증된
(진정성, 전문성, 신뢰성)

방탄자존감 전문가에게 배워야 되는 이유 13가지!

방탄자존감 굳이 배워야 하나?

1. 주위 사람 말해 흔들리지 않게 해 줍니다.

2. 자신의 가능성, 자신감을 향상시켜 줍니다.

3. 스트레스 관리를 잘할 수 있게 해 줍니다.

4. 자신을 진짜 사랑하는 방법을 알게 해 줍니다.

5. 외로움, 우울한 관리를 더 잘할 수 있게 해 줍니다.

6. 나 너가 아닌 우리라는 마음을 알게 해 줍니다.

7. 자신도 필요한 존재 도움이 되는 사람이구나. 느끼게 해 줍니다.

8. 부정적인 비교보다는 긍정적 비교를 더 하게 해 준다

9. 가진 것이 부족해서 생기는 불만보다는 감사를 더하게 해 줍니다.

10. 자격 지신, 콤플렉스, 트라우마, 상처를 관리할 수 있게 해 줍니다.

11. 삶의 의욕을 넘치게 해 줍니다.

12. 자신의 가치를 찾게 해 줍니다.

13. 불행, 고난, 역경 힘든 시기가 왔을 때 이겨낼 수 있게 해 줍니다.

생쥐가 한마리가 있었다. 생쥐는 늘 고양이를 무서워하며 살았다. 마법사에게 찾아가 고양이에 천적 개로 만들어 달라고 했다. 레드썬! 모습이 개나 되어 고양이 앞에 갔는데 또 무서움이 사라지지 않았다.

마법사에게 찾아가 호랑이로 만들어 달라고 했다. 레드썬! 모습이 호랑이가 되어 고양이 앞에 갔는데 또 무서움이 사라지지 않았다.

마법사에게 찾아가 사람으로 만들어 달라고 했다. 레드썬! 모습이 사람이 되어 고양이 앞에 갔는데 또 무서움이 사라지지 않았다.

결국 생쥐를 도와줬던 마법사가 사람이 된 생쥐를 다시 본래의 생쥐를 만들어 주면서 이렇게 말했다.

"너의 모습이 아무리 좋게 바뀌어도 생쥐의 가슴을 가지고 있는 한 그 때 뿐이다".

마음을 밝혀주는 소금 책 내용 각색
- 출처: <마음을 밝혀주는 소금 1> 유동법, 움직이는 책 1997 -

생쥐의 가슴, 심장은 낮은 자존감입니다.

내가 바뀌지 않으면 기존의 가지고 있는 자존감을 시대에 맞게 바뀌지 않으면 늘 그때뿐이고 악순환이 계속됩니다.

단순히 말을 하면 자존감 낮은 사람이 명품으로 포장하고 명품 차를 탄다고 외적으로 아무리 꾸미더라도 자존감이 낮다면 늘 그때뿐입니다.

자존감이 낮으면 생쥐의 심장이 호랑이 심장으로 바뀌지 않습니다. 자존감이 높아야만 생쥐의 심장이 호랑이 심장으로 체인지 됩니다.

자기계발코칭전문가 자격증 학습, 연습, 훈련으로 자신 생쥐의 심장을 호랑이 심장, 호랑이 자존감으로 바 꿀 수 있습니다.

방탄자존감은 인생을 잘 다루게 한다!

김연아는
김연아답게 세계에서 온리원으로 피겨를 잘 다루고

류현진은
류현진답게 세계에서 온리원으로 야구를 잘 다루고

손흥민은
손흥민답게 세계에서 온리원으로 축구를 잘 다루고

BTS(방탄소년단)는 BTS(방탄소년단)답게
세계에서 온리원으로 댄스, 뮤직을 잘 다루고

세계 최초 방탄멘탈 창시자 인
최보규는 최보규답게 세계에서 온리원으로
방탄자존감을 잘 다룹니다.

지혜로운 사람은 자신을 잘 다루며
방탄자존감은
돈, 사랑, 행복, 인간관계, 자기계발, 멘탈, 습관, 꿈 등
이루고 싶은 것들을 잘 다루게 합니다.

4차 산업시대에 4차 자존감인
방탄자존감은 선택이 아닌 필수입니다.

- 출처: 〈나다운 방탄 자존감 사전 Ⅰ〉 저자 최보규 -

20,000명을 상담, 코칭하면서 알게 된 자존감의 비밀이 있습니다.

사람이 사는 이유가 뭐죠? 대부분 사람들은 이런 질문을 하면 표정이 좋지 않습니다. 사는 이유를 알아야 한다는 것은 이론적으로는 알지만 현실이 하루하루 먹고 살기 힘들기에 사는 이유를 물어보면 대부분 사람들은 난감해 합니다.

"사람이 사는 이유가 꼭 있어야 되나요?" 라는 말을 반문을 하기도 합니다. 당연히 이유가 없어도 됩니다. 방탄자기계발 전문가로서, 심리상담전문가로서 자신 있게 말을 해주고 싶은 게 있습니다.

사람이 사는 이유를 누군가 물어 본다. 라면 행복하기 위해서 산다고 자신 있게 말을 하면 됩니다.

사랑, 연예, 인간관계, 성공, 꿈, 이루고 싶은 모든 것은 행복하기 위해서 합니다.

누군가가 "왜 사냐고 물어 본다." 라면 행복하기 위해서 산다고 자신 있게 말을 하십시오.

행복한 인생을 살고 싶다면 행복의 본질을 알아야 합니다. 행복의 본질은 자존감입니다.

나다움이 있는 사람들, 성공자, 행복한 사람들, 꿈을 이룬 사람들, 인생을 사는 이유를 알고 있는 사람들의 공통점이 있습니다. 전부 자존감이 높습니다.

대부분 사람들이 착각 하는 게 있습니다. 성공해서 결과를 내서 자존감이 높은 게 아닙니다. 자존감이 높아야 결과를 내고 자존감이 높아야 성공을 하는 것입니다. 자존감이 높아야만 어려운 시기 힘든 시기를 극복하는 것입니다. 그런데 대부분 사람들은 건디기만 합니다.

견디는 것과 극복하는 건 엄청나게 차이가 있습니다.

상황이 벌어졌을 때 견디는 것은 "시간이 해결해 주겠지?" 말을 하면서 아무것도 안하고 무작정 기다리는 것입니다.

극복은 벌어진 상황을 주시하고 받아들이고 했던 방식에서 변화를 주어 다른 방법으로 행동하면서 극복하는 것입니다.

지금 시대 비대면 시대, 디지털 시대, 고유가 시대, 힘들고 지치는 시대입니다.

비대면 시대, 힘든 시대 누군가는 잠잠해지기만을 기다립니다. 시간만 때우고 있는 사람들이 많습니다. 언제 잠잠해지냐? 언제 일상생활로 돌아 가냐?
아무것도 안 하면서 아무것도 변화를 안주면서 대책 없이 기다리기만 하면 안됩니다. 당연히 이런 말 하면 반박하는 사람도 있습니다. 아무것도 할 수 없는 상황인데 짜식아~~

당연히 견디는 것도 생존도 아무나 못합니다. 견디는 것은 아무나 못 하지만 시간의 흐름 속에서 변화 없이 기다리기만 하면 너무 시간 낭비가 됩니다. 빛의 속도로 변하는 세상 속에서 앞으로 어떻게 변할지 알 수 없는 세상 속에서 더 앞으로 힘들면 힘들었지 덜하지 않는 세상 속에서 무작정 좋아지기만을 잠잠해지기만을 기다린다는 것은 자신 인생, 자신이 책임져야 될 사람들의 인생까지 방치한다는 것입니다.

상황을 어떻게 즉시 하고 견딜 것인가 극복할 것인가 이런 마인드, 태도에 따라서 엄청나게 달라집니다.
누군가는 비대면 시대, 디지털 시대 "10년 후에 올 것이

지금 왔다 앞 당겨진 것뿐이다 어떻게 하면 내 분야 비대면, 디지털로 접목을 시킬까?" 이런 생각으로 배우고 찾고 행동한다는 것입니다

전자 견디는 사람과 후자 극복하는 사람 차이점은 자존감 차이라는 것입니다

자존감이 높아야만 극복하려고 상황을 즉시 하고 헤쳐나가려고 행동을 합니다.

자존감이 낮으면 항상 기다리고, 안주하고, 좋아지기 만을... 시간을 때우는 게 더 많다는 것입니다.

그래서 자존감이 중요하다고 목이 터져라 말을 하는 것입니다.

재능, 스펙, 학벌차이로 바라보는 시각이 달라지는 게 아닙니다. 자존감이 낮냐, 자존감이 높냐 차이로 변화되는 세상을 바라보는 시각이 달라집니다.

어렵고 힘든 상황이 닥쳤을 때 자존감이 낮은 사람들은 가장 먼저 방법이 아닌 핑계를 찾습니다.

"상황이 이런데 내가 뭘 할 수 있겠어? 시간이 해결해주 겠지 하던 대로 하면서 기다려 보자"

자존감이 높은 사람은 "어떻게 하면 할 수 있을까?" 방 법을 찾습니다.

"어제와 같은 방법으로 하던 대로 하면 답이 안 나온다. 어제와 다른 방법을 시도해보자! 찾아보자! 배워 보자!"

누구에게 물어봐도 자존감이 높은 사람의 태도를 가지

고 싶어 합니다. 후자와 같은 태도가 방탄자존감입니다.

저에 5G 직업(강사, 작가, 심리상담사, 유튜버, 한집의 가장) 중에 본업이 강사직업으로 비교를 해드리겠습니다.

자신 분야를 비교하면서 본다면 좀 더 현실적으로 와닿을 것이고 "자신 분야를 어떻게 하면 변화, 성장, 업그레이드를 할 수 있을까?" 라는 인생의 힌트를 얻어 갈 수 있을 것입니다.

지금 2022년 횟수로 3년차 비대면 시대입니다.

A강사는 비대면 시대 전 평균 한 달에 20건 강의를 하는데 강의가 줄어서 한 달에 5건 ~ 10건 밖에 되지 않아 아르바이트와 간간히 비대면 강의를 하면서 변화 없이 버티기만 하는 강사가 있습니다.

잠잠해지기만을 기다리지만 이러지도 저러지도 못하는 상황 "아~~ 지금이라도 비대면 콘텐츠를 제작하고 디지털 콘텐츠 제작을 배워서 내 분야 강의 영상을 디지털로 팔아야 되나? 온라인으로 팔아야 되나? 돈이 많이 들어갈 텐데 직접 만들어 볼까? 독학할까? 나 컴맹인데? 하던 방법으로 하자. 비대면 콘텐츠 아 몰라~~ 디지털 콘텐츠 아 몰라~~ 지금 상황 점점 좋아질 거야. 나아지겠지. 기다리자. 변화하면 어렵고 힘드니 하던 대로 하면서 그냥 기다리자...

비대면 1년 차 때 걱정, 고민을 비대면 3년 차 인데도 똑같이 걱정, 고민만 하고 있습니다.

저도 강사 직업을 하는 사람이지만 누워서 침 뱉기 일 수도 있는데 이런 강사들이 90%입니다.

강사라는 직업이 어떤 직업입니까 누군가에게 동기부여를 시켜 주고 누군가에게 변화를 주고 행동으로 옮기게끔 도와주는 직업입니다.

그런데 자신은 변화, 성장은 하지 않으면서 배우지 않으면서 입으로만 변화해라? 성장해라? 시대에 맞게 준비해라? 말만 하는 강사가 90%입니다.

그 강사들을 무시하는 게 아닙니다. 오해하지 말고 들으세요. 각자 위치에서 열심히 하는데 올바른 노력을 해야 하는데 노오력만 하고 있습니다.

자존감이 낮으면 노오력만 하는 것입니다. 자존감이 높아야만 올바른 노력을 할 수 있습니다.

B강사는 3년 전부터 무엇을 준비했는지 차근차근 설명하겠습니다. B강사가 최보규 방탄자기계발 전문가입니다. 제가 어떻게 비대면 시대를 견디는 것이 아니라 극복을 했는지 잘 참고 하세요!

B강사 비대면 시대 3년 전 상황 "어라 점점 비대면 으로 가고 있네? 대면 강의만 십년 동안 했는데 비대면 강의 적응 안 되는데... 디지털, 화상 강의 적응 안 되는데.. 나 컴맹인데... 마우스밖에 움직일 줄 모르는데... 금방 잠잠해질 줄 알았는데... 이거 장난 아닌데 강사 직업 위태 위태 한데... 이러다가 10년 동안 강사 일했던 인고의 시간, 노력, 경력, 경험들 다 쓰레기 되겠는데... 다른 직장 알아봐야 되는 거 아닌가..."

"더 늦기 전에 디지털 콘텐츠, 온라인 콘텐츠로 할 수 있는 거 알아봐야 되겠는데... 어떻게 하면 할 수 있을까? 최소의 비용으로 최대의 효과를 낼 수 있고 내가 가지고 있는 자원과 능력으로 할 수 있는 게 무엇일까? 그래! 유튜브를 먼저 제대로 해보자! 편집 기술 하나도 없지만 일단 부딪혀보자!"

"처음 출간한 나다운 강사1(강사 백과사전), 나다운 강사2(강사 사용설명서) 책 홍보도 할 겸 더 나아가 자기계발, 동기부여가 필요한 사람들, 시작하는 강사, 코칭 받았던 강사들에게 조금이나마 도움을 주기 위해서 해보자!"

강한 종, 우수한 종이 아닌
변화하는 종만 살아남는다!

변질 될 것인가?
변화 할 것인가?

Google 자기계발아마존   ▶YouTube 방탄자기계발   NAVER 방탄자기계발사관학교   NAVER 최보규

2019 강의 분야   2019 강사 분야   2019 유튜버 시작   2020 멘탈 분야   2020 비대면 코칭

2021 행복 분야   2021 재능마켓   2021 습관 분야   2021 습관 코칭   2021 자존감 분야

2021 자존감 코칭   2021 자존감 분야   2021 자존감 분야   2021 자존감시스템   2021 홈페이지제작

2021 디지털콘텐츠   2021 자기계발 분야   2021 자기계발 분야   2021 자기계발 분야   2021 자기계발 분야

필자는 독학으로 편집을 배우고 유튜버를 시작했다는 것입니다. 세 번째 책 <나다운 방탄멘탈> 책을 출간하고 비대면 코칭 콘텐츠를 제작했습니다. 네 번째 <행복 히어로> 책 출간하고 전자책을 팔 수 있는 재능마켓 다섯 곳에 독학으로 승인을 받아 판매를 시작했습니다. 다섯 번째 <나다운 방탄습관블록> 책을 출간하고 다섯 번째 책으로 비대면 코칭 콘텐츠를 만들었습니다. 여섯 번째 <나다운 방탄카피사전> 출간하고 방탄자존감 콘텐츠 제작했습니다. 일곱 번째 여덟 번째 <나다운 방탄자존감Ⅰ>,<나다운 방탄자존감Ⅱ> 출간해서 방탄자존감 세트 콘텐츠 제작했습니다.

<자기계발아마존> 홈페이지를 제작해서 움직이지 않아도 돈을 벌 수 있는 무인시스템을 제작 했습니다.

9,10,11,12번째 책인 <방탄자기계발 사관학교Ⅰ,Ⅱ,Ⅲ,Ⅳ> 책을 출간하여 방탄자기계발사관학교 9가지 시스템을 완성 했습니다.

앞에 있는 내용을 정리를 하겠습니다.

A강사는 비대면 시대 3년 동안 극복이 아닌 시간의 흐름 속에서 버티고 있었습니다. 변하지 않고 잠잠해지기만을 기다리고 있었습니다. 강사들 90%가 이렇게 하고 있었다는 것입니다.

90% 강사를 무시하는 게 아닙니다. 앞에서도 말했듯이 오해하지 말고 들으세요. 너무나도 안타까워서 말을 하는 것입니다. 극단적으로 말하면 A강사들은 큰 성장, 변화 없이 아무것도 안했습니다.

B강사는 비대면 시대 3년 동안 버티기가 아니라 극복하기 위해서 "어떻게 하면 할 수 있을까?" 라는 태도로 극복하기 위한 방법을 찾기 위해 행동을 했습니다.

책을 출간하고 디지털 콘텐츠 제작하고 다시 책을 출간하고 다시 디지털 콘텐츠 제작하고 유튜브를 하고 전자책을 만들어 재능마켓에 팔고 온라인 콘텐츠로 팔았습니다. A강사 와 B강사의 결정적인 차이가 무엇인지 아십니까?

재능과 스펙이 B강사 보다 더 대단한 사람들은 많습니

다. 실행력 차이? 인내력 차이? 아닙니다.

단언컨대 자존감이 낮냐, 높냐 차이입니다. 자존감이 낮으면 어려운 상황이 닥쳤을 때 순간 힘들고 어려운 것만 생각하고 안주를 합니다.

20,000명 상담, 코칭하면서 알게 된 것 중 하나는 자존감 낮은 사람들은 항상 이런 말을 많이 합니다.
"왜 나만 힘들어? 왜 나에게만? 내가 뭘 잘못했기에?
부모님이 가진 게 많았더라면... 내가 재능이 없어서...
학벌이 없어서..." 탓만 하면서 자신의 잘못은 생각 안하고 세상 탓, 부모 탓, 자녀 탓, 탓탓탓탓탓만 하면서 오늘 하루만 사는 사람이 많은데 내일, 한 달 뒤, 일 년 뒤를 생각하겠습니까? 당연한 결과입니다.

자존감 높은 사람들은 어려운 상황이 닥쳤을 때 "그래, 지금 힘들지만 어렵지만 그럼에도 불구하고 나만 힘든 거 아니다! 내 분야도 힘들지만 어떻게 하면 극복할 수 있을까? 내가 가지고 있는 자원 돈, 스펙, 학벌, 재능은 없지만... 하는 데까지 해보자! 까짓것 못하면 좀 어때! 일단 해보자! 일단 배우자! 일단 행동 하자!"
나다운 인생, 나다운 행복을 만드는 것은 스펙,돈,학벌, 재능이 아닌 자존감이 높냐, 낮냐로 만들어집니다.

1차 산업시대는 1차 자존감, 2차 산업시대는 2차 자존감, 3차 산업시대는 3차 자존감, 4차 산업시대는 4차 자존감인 방탄자존감입니다. 4차 자존감이 방탄자존감으로 업데이트해야 되는데 20,000명 상담, 코칭하면서 알게 된 것 중 하나는 90%의 사람들이 1차, 2차, 3차 자존감에 머물러 있습니다. 안타까운 현실입니다.

자존감 업데이트를 하지 못하다 보니 삶이 더 힘들어지는 것입니다. 앞으로의 시대는 나를 날카롭게 괴롭게 할 것이고 세상 현실 또한 힘들게 할 것입니다. 삶이 힘들고 인간관계 속에서 상처를 받다 보니 힐링, 위로, 격려만 찾게 되어 극복을 해야 되는데 치유만 바라게 되어 정신, 몸 상태가 나빠지는 악순환이 되어 가고 있는 현실입니다.

4차 산업시대는 4차 자존감인 방탄자존감 선택이 아닌 필수!

치유

호~~~~(위로, 격려, 힐링..) 늘 그때뿐이다.

치료

후시딘, 마데카솔처럼 직접적으로 상처를 치료, 극복하기 위한 학습, 연습, 훈련이 필요합니다.

4차 산업시대, AI 시대, 5G 시대 ~ 10G 시대뿐만 아니라 더 나아가서 앞으로의 시대는 상처가 났을 때 "호~~" 하고 치유에서 끝나면 안 됩니다. 후시딘, 마데카솔처럼 직접적으로 상처를 치료할 수 있어야 면역력이 생겨 극복을 할 수 있습니다.

"호~~" 하는 위로, 격려, 힐링이 필요 없다고 말하는 게 아닙니다. 위로, 격려, 힐링에 집착을 한다는 것이 문제

입니다. 앞으로의 세상, 현실, 또라이들이 날카롭게 다가
오면 다가왔지 덜하지는 않는 다는 것을 이론 적으로만
알지 대부분 사람들이 준비를 하지 않습니다.

4차 산업시대는 4차 자존감인 방탄자존감 선택이 아닌 필수!

단언컨대
아픈 만큼 성숙한 것이 아니라
아픈 것을 극복했을 때 성숙해지는 것이다!
자존감이 높아야 극복할 수 있다!

시간이 해결해 줄 거야!
참자, 기다리자, 버티자!

극복하기 위한
행동을 했을 때 성숙해진다!

아픈 만큼 성숙해진다? 아프면 환자입니다. 아픈 것을
극복했을 때 비로소 성숙해집니다. 아픈 만큼 성숙해지
는 게 아닙니다. 시간의 흐름 속에서 성숙해지는 게 절
대 아닙니다. 상처를 잘 받는 사람들 특징 중 하나는
자존감이 낮다는 것입니다.

사소한 말에도 상처 받았다고 말하며 힘들어 합니다.

그 상처가 아물기도 전에 다시 또 상처가 생깁니다. 그래서 계속 악순환이 됩니다.

세상, 현실 속 상처들?
인간관계 상처, 부모에 대한 상처, 자녀에 대한 상처, 가족에 대한 상처, 연인에 대한 상처, 상사에 대한 상처, 사람들에 대한 상처... 상처를 안 받을 수가 없습니다.

그게 자연의 이치고 사람들 관계 속에서 자연스럽게 벌어지는 현상입니다. 상처를 받았을 때 그때그때 어떻게 치료해야 할 것인가?

방탄자존감 학습, 연습, 훈련으로 치유가 아닌 치료를 해서 극복할 수 있습니다.

4차 산업 시대는 4차 자존감인 방탄자존감으로 업데이트 하여 방탄자존감 학습, 연습, 훈련으로 인생을 다시 갱생 합시다.

방탄자존감
학습, 연습, 훈련으로
인생을 갱생!

갱생 (更生)
마음이나 생활 태도를 바로잡아 본디의
옳은 생활로 되돌아가거나 발전된 생활로 나아감.

4차 산업시대는 4차 자존감!
방탄자존감 업데이트!

4차 산업시대

3차 산업혁명

2차 산업혁명

1차 산업혁명

1차 자존감 | 2차 자존감 | 3차 자존감 | 4차 자존감

방탄자존감

자신의 무한한 가능성을

방탄자기계발사관학교에서 시작하세요!
150년 a/s,관리,피드백 함께하겠습니다!

1장 방탄자존감

Google 자기계발아마존

자기계발코칭전문가
2강
나답게 살자 학습, 연습, 훈련

죽을 때까지 3가지? 빼고는
모든 것을 학습, 연습, 훈련해야 합니다!

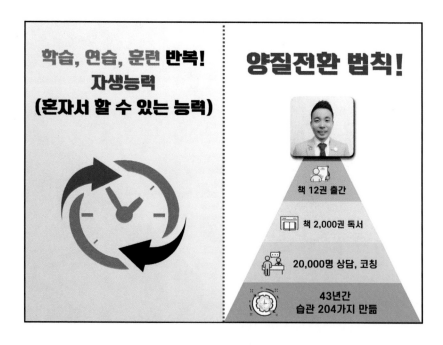

| 1. 죽음 | 2. 숨 쉬는 것 | 3. 나이 |

학습, 연습, 훈련 반복!
자생능력
(혼자서 할 수 있는 능력)

양질전환 법칙!

책 12권 출간

책 2,000권 독서

20,000명 상담, 코칭

43년간
습관 204가지 만듦

숨을 거두는 날까지 학습, 연습, 훈련을 안 해도 자연스 럽게 되는 세 가지? 첫 번째 죽음, 두 번째 숨 쉬는 것, 세 번째 뭘까요? 나이입니다.

학습, 연습, 훈련의 본질은 반복 숙달입니다. 자생능력 (스스로 할 수 있는 능력)이 생길 때까지 해야 합니다. 양질전환의 법칙(양적인 변화가 축적되면 질적으로 변 화한다.)을 통해 필자가 결과를 만들어 냈던 것을 참고 하세요. 43년 동안 자기계발 습관을 204가지 만듦, 20,000명 상담. 코칭, 책 2,000권 독서, 자기계발 책 12 권 출간!

나다운 방탄 카피 사전 (교재)
24P ~ 25P

세상, 현실, 주위 사람들의 기준의 자존감 해석이 아닌 방탄자존감으로 해석을 해야 된다!

네이버 검색 창에 행복을 검색하면 무엇이 나오는지 아십니까? 행복이란 내가 원하는 것 중 가지는 것입니다.

방탄자존감으로 행복을 해석하면 원하는 것을 가지기 위해 나부터 존중, 인정, 사랑, 배려하고 작은 것부터 존중, 인정, 사랑, 배려하며 지금부터 존중, 인정, 사랑, 배려하는 것입니다.

희로애락 중에 앞 글자인 기쁠 희는 자신이 가지고 싶은 것을 가졌을 때의 행복입니다. 한마디로 물질적인 것으로 인해서 오는 인스턴트 행복입니다. 순간 맛보고 느끼고 사라지는 행복입니다.

희로애락 중에 마지막 글자 즐거울 락은 누군가를 먼저 존중, 인정, 사랑, 배려했을 때 상대방에게 받는 존중, 인정, 사랑, 배려로 인해 느끼는 행복입니다.
즐거울 락 행복이 오래 지속되고 기억에 오래 남는 것이 행복입니다.

물질적인 것에 순간 느끼고 끝나는 기쁠희에 집착하는 게 아니라 사람들과의 관계 속에서 변화 속에서 배움 속에서 성장 속에서 학습, 연습, 훈련 속에서 꾸준함 속에서 만들어지는 사소한 성취감들이 누적된 행복이 방탄자존감에서 말하는 행복입니다.

희로애락 기쁠 희에 집착하는 게 아니라 즐거울 락에 집중을 해야 합니다.

네이버 검색 창에 나다움을 검색하면 무엇이 나오는지 아십니까? 내 멋대로 하는 것!

방탄자존감으로 나다움을 해석하면 나다움의 시작은 "내 멋대로 하는 것이 아니라 사람의 도리를 지키면서 함께 잘 먹고 잘 살자" 이런 마음으로 행동할 때 나다움이 나옵니다.

자존감이 낮은 사람들은 자신이 편하고자 상대방이 불편하고 피해가 가더라도 의식을 안 합니다.

그래서 자존감 낮은 사람들은 매너, 인성, 사람의 도리, 양보가 부족합니다.

"저 사람 왜 저래? 가 아니라 아! 자존감이 낮아서 그런 거구나!" 라고 넘기면 됩니다.

나다운 방탄 카피 사전 (교재)
30P ~ 31P

인간관계(개)를 잘하는 방법?

인간관계(개)를 잘 하는 방법!

사람의 성격은 4개다? A형, B형, O형, AB형

보너스! 세 글자로 알아보는 혈액형별 성격을 잠깐 알려 주겠습니다.

A형은 세 글자로 줄이면 소세지! 소심하고 세심하고 지랄 맞고.

B형은 단무지 단순하고 무식하고 지랄 맞고.

O형은 오이지 오바하고 이기적이고 지랄 맞고.

마지막으로 AB형은 뭘까요? 오해하지 말고 들으세요.

필자가 AB형을 싫어하는 거 아닙니다. 웃자고 했습니다. 죽자고 달라 들지 마세요. AB형이십니까? 웃고 넘기세요!

AB형은 세 글자로 줄이면 3G 지랄 맞고, 지랄 맞고, 지랄 맞고. 잠시 웃자고 한 이야기입니다. 가볍게 듣고 넘기세요.

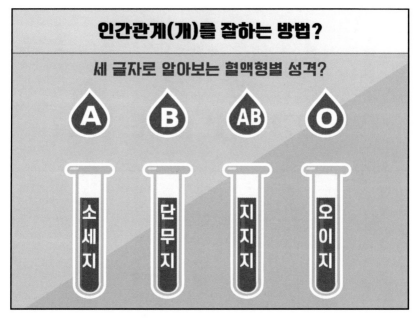

사람의 성격은 혈액형 4개로 나누어질까요?

20,000명을 상담, 코칭 하면 알게 된 것은 사람의 성격은 혈액형 4개로만 나누어지지 않습니다.

사람의 성격은 몇 개 인지 아십니까?

세계 인구가 몇 명일까요? 78억 명입니다. 그렇다면 성격은 78억 개입니다.

사람 성격을 파악하는 기본적인 데이터들이 많습니다.
(MBTI, 사상체질, 에니어그램...) 데이터 보다 더 정확
한 것을 알려 주겠습니다.

"세계 인구가 78억 명이기 때문에 성격도 78억 개 라는
마음가짐(태도)으로 먼저 맞춰 가야겠다." 이것이 어떤
데이터보다 과학적인 인간관계 공식보다 더 정확하게
맞습니다.

인간관계(개)를 잘하는 방법?

세상 그 어떤 인간관계 공식보다
더 정확한 인간관계 공식?

내가 먼저 맞춰 가겠습니다!

아무리 상대방 성격을 알더라도 내가 맞춰가려는 마음이 없으면 인간관계는 모든 게 힘들어집니다. 인간관계를 잘 하는 사람들은 자신의 성격을 죽입니다.
상대방 성격을 죽이는 게 아니라, 자신의 기를 살리는 게 아니라, 상대방의 기를 살려주기 위해서 인간관계를 합니다. 그래서 인간관계에서 스트레스를 적게 받습니다.

인간관계를 힘들어하는 사람들, 인간관계를 못하는 사람들 특징이 있습니다. 사람은 본능적으로 존중, 인정, 사랑 받고 싶어 합니다. 자신이 먼저 인정받기 위해서, 존중 받기 위해서, 사랑 받기 위해서 먼저 대접 해주기를 바랍니다. 대접을 심하게 바라는 사람들은 상대방을 깎아내립니다.

반대로 해야 합니다. "먼저 해주면 하겠다." 가 아니라 먼저 해야 합니다. 대접 받기 위해서는 내 성격을 죽이고 상대방 성격을 살려줄 때 자신이 더 존중받습니다.

이게 쉽지 않습니다. 어렵습니다. 그래서 인간관계는 그 어떤 것 보다 학습, 연습, 훈련을 꾸준하게 해야 합니다.

인간관계(개)를 잘하는 방법?

 사람들 마음속에 개 두 마리가 산다?

 선입견 편견

사람들 마음속에 개 두 마리를 진정시키는 개?

 **백문불여일견**

백 번 듣는 것이 한 번 보는 것보다 못하다.

사람들 마음속에 개 두 마리가 사는 거 누구나 다 알 것 입니다. 선입견, 편견입니다.

두 마리 개는 숨을 거두는 날까지 계속 함께 해야 합니다. 사람의 기본적인 심리입니다.

선입견, 편견을 얼마만큼 진정을 시키냐에 따라서 관계 형성이 달라집니다.

선입견, 편견을 진정 시키는 개가 있습니다.

백문불여일견(백 번 듣는 것이 한 번 보는 것보다 못하다.) 인간관계를 잘 하고 스트레스를 덜 받기 위해서는 항상 들은 것만으로도 판단하면 안 됩니다.

내가 직접 보고 경험한 것만 얘기하고 말을 해야 하는데 인간관계를 못하는 사람의 특징은 "내가 어디서 들었는데.." 선입견, 편견으로 말을 하니 인간관계를 못하는 것입니다.

자기만 예쁘다고 주장하는 꽃은 자기 합리화입니다.
사람을 가장 힘들게 하는 닭은 관계입니다.
자존감 낮은 사람들은 선입견, 편견이 많고 부정적인 자기합리화를 잘 시킵니다.
그러다 보니 인간관계를 잘 안 되는 건 당연한 결과입니다.

인간관계를 잘 하기 위해서 첫 번째 본질은 자존감이 높아야 합니다. 그 뒤에 인간관계 공식을 꾸준하게 학습, 연습, 훈련해야 합니다.

그래서 계속 강조하는 게 자존감을 학습, 연습, 훈련을 해야 한다고 말을 하는 것입니다.

자존감 낮은 사람들은 자신의 성격대로 살다 보니 주위에 사람들이 없는 것이고 자존감 높은 사람들은 성격대로(잠정조절이 된다.) 살지 않기 때문에 주위 사람들이 많은 것입니다.

스트레스의 90%는 인간관계 속에서 온다! 이론적으로 모르는 사람은 없습니다.

인간관계 속에서 그렇게 힘들고 지치며 상처 받는데 "그 사람 안보면 되지! 그냥 피하면 되지! 인연 끊으면 되지!"라는 생각만 하고 아무 노력 없이 시간의 흐름 속에서 나아지기만을 바랍니다. 그러다 보니 계속 악순환 반복이 됩니다.

인간관계(개)를 잘하는 방법?

스트레스 90%는 인간관계에서 온다!
누구나 알지만 아무나 인간관계
학습, 연습, 훈련을 하지 않는다!

인간관계(개)를 잘하는 방법?

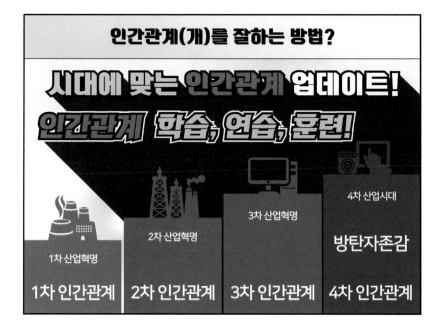

20세기 인간관계, 21세기 인간관계, 3차 산업 인간관계, 4차 산업 인간관계, 5G 인간관계 ~ 10G 인간관계 SNS 인간관계, 인간관계도 시대에 맞춰서 변화, 성장, 학습, 연습, 훈련을 해야 합니다.

나다운 방탄자존감 명언 I (교재)
12P

자존감 바람

배가 목적지에 가려면? 목표를 이루고 싶다면?

바람이 불기만을 기다리는 사람

바람이 불지 않기에 노가 없어 손으로 젓는 사람

바람이 불지 않아 노를 만들어서 젓는 사람

바람이 불지 않을 걸 대비해서 준비 해온 노를 가지고 젓는 사람

누구나 다 알고 있는 말이 있습니다.

"바람이 불지 않아 배가 나아가지 않을 때는 노를 가지고 저어라"

자존감 바람

바람이 불지 않으면 노를 저어라?
이 말을 시대에 맞게 해석을 잘 해야 한다?

그런데 대부분 사람들은 이 단어만 알지 그 말의 핵심
을 모르는 사람이 대부분입니다. 시대에 맞는 해석을 해
야 합니다.

자존감이 높아야 예측을 하고 준비를 할 수 있게 합니
다. 그래서 바람이 불지 않을 걸 대비해서 노를 챙길 수
있습니다. 하지만 자존감이 낮은 사람들은 바람이 불지
않을 걸 알면서도 노를 준비를 하지 않습니다.

어떤 일을 시작했을 때 대부분의 사람들은 "바람이 잘
불 거야! 잘 될 거야! 노를 준비해서 뭐해. 바람 잘 불

건데, 나는 잘 될 건데(긍정적인 생각이 아닌 대책이 없는 낙천적인 생각)" 이런 생각으로 노를 준비 하지 않습니다.

인생이라는 바다에서 자신의 계획대로 바람이 불지 않을 때 노를 미리 준비 해놓고 노를 저어야 됩니다. 어려운 상황을 미리 준비하게 만드는 것이 자존감입니다.

지금 비대면 시대 90% 분야에 바람이 불지 않습니다. 점점점 앞으로도 자신 분야에 바람이 불이 않을 것입니다. 더 힘들어 집니다. 자신 분야의 노를 준비하고 노를 만들어야 되는데 자존감이 낮으면 노를 만들 수가 없습니다. 노를 만들 생각도 안 합니다.
자존감이 낮으면 바람이 불기만을 지금 상황이 잠잠해지기만을 무작정 기다립니다.

기다리는 게 나쁘다고 말하는 게 아닙니다.
극복하려고 변화, 성장, 학습, 연습, 훈련하면서 기다리냐? 그냥 무작정 아무것도 안 하고 어제와 같은 행동을 하면서 기다리냐?는 엄청나게 차이가 있습니다.

필자가 말하는 팩트, 핵심을 진지하게 생각, 고민을 해야 합니다.

인생이라는 바다에서 앞으로도 파도가 심하면 심했지 태풍이 더 오면 왔지 덜하지는 않는다는 것을 알 것입니다. 자존감이 높으면 노(극복하는 행동) 준비를 잘합니다. 자신 분야 노를(자존감) 준비하는 게 바로 자기계발코칭전문가 자격증입니다.

2강 방탄자존감2 나답게 살자 학습, 연습, 훈련

나다운 방탄자존감 명언 I (교재)
21P

자존감 예방접종

인생이 힘들 때 나에게 해주는 최고의 말이 있습니다. 마음의 감기, 우울증 예방 접종 되는 말이 있습니다. "어쩔 수 없다, 그럴 수도 있지, 자연의 이치다, 신의 영역이다, 나만 겪는 게 아니다."

아덴만의 영웅 의사인 이국종 교수! 그 대단한 사람도 우울증을 걸린 적이 있다고 합니다. 그 분이 우울증을 극복한 방법은 매우 단순했습니다. 밀려드는 중증 외상 환자에 치이고 각종 외압에 견뎌 내면서 우울증이 생겼다고 합니다. 그때마다 바꿀 수 없는 현재 상황을 체념하고 받아들일 수 있는 말을 했다고 합니다.

"인생 다 그런 거지 뭐 어쩔 수 없지!"

"인생 다 그런 거지 뭐 어쩔 수 없지!" 이런 태도와 말을 함으로써 자신의 우울증을 극복할 수 있었다고 합니다.

"인생 다 그런 거지 뭐 어쩔 수 없지!" 이 말만 하면 진짜 마법처럼 우울증, 힘든 감정, 힘든 상황을 받아들이는 태도가 한 순간에 바뀔까요?

"인생 다 그런 거지 뭐 어쩔 수 없지!" 이 말만 한다고 안 좋은 감정이 사라지는 것이 아닙니다.

이국종 교수님은 자존감이 높았기 때문에 그 말이 본인에게 안 좋은 감정을 환기를 시켜줬다는 겁니다.

심리 용어로 벤틀레이션효과(환기), 굴뚝 청소 효과, 마음 청소 효과입니다. "어쩔 수 없다, 그럴 수도 있지, 자연의 이치다, 신의 영역이다, 나만 겪는 게 아니다." 이 다섯 가지 공식을 일단 외우고 다니면서 자존감 학습, 연습, 훈련으로 자존감을 높여야만 5가지 공식이 효력을 발생합니다. 구구단 공식처럼 외우세요!

자존감이 낮은 상태에서는 이 다섯 가지 공식은 무용지물입니다. 아무 소용이 없습니다.

인생이 힘들 때, 또라이를 만났을 때, 실패를 겪었을 때, 죽고 싶을 때, 아무것도 할 수 없을 때.... 5가지 공식을 꼭 외치세요!

"어쩔 수 없다, 그럴 수도 있지, 자연의 이치다, 신의 영역이다, 나만 겪는 게 아니다."

2강 방탄자존감3 나답게 살자 학습, 연습, 훈련

나다운 방탄자존감 명언Ⅱ (교재)
10P

자존감 충전 방법

자존감 충전 방법

자존감을 높이는 가장 단순한 방법?

1. 어제 보다 나은 내가 되기 위해 집중

2. 어제 보다 0.1% 다르게 행동

3. 어제 보다 0.1% 새로운 시도

4. 어제 보다 0.1% 배움

5. 어제 보다 0.1% 감사

자존감을 높이는 가장 쉬운 방법을 오픈하겠습니다.
첫 번째, 어제 보다 나은 내가 되기 위해 집중 하자.
두 번째, 어제 보다 0.1% 다르게 행동 하자.
세 번째, 어제 보다 0.1% 새로운 시도 하자.
네 번째, 어제 보다 0.1% 배우자.
다섯 번째, 어제 보다 0.1% 배움 감사 하자.

어제보다 0.1% 다르게 행동, 새로운 시도, 배움, 감사를
어떻게 할 것인가?

가장 쉽고 지금 당장 할 수 있는 방법을 오픈하겠습니다. 스마트폰만 있으면 누구나 할 수 있는데 아무나 시도하지 않습니다. 아무리 쉬운 방법이라도 게으르면 노벨상을 받은 사람이 옆에서 도와줘도 하지 못합니다. 쉬워서 안하는 게 아니라 게을러서 안한다는 게 정답입니다.

자존감 충전 방법

네이버 메모 어플 폴더 활용! 느낌 오는 모든 자료 저장!

기록은 기억을 이긴다! 기록, 메모는 꿈을 이룬다!
7,626개 메모로 인해 자기계발 책 12권을 출간할 수 있었습니다.
자신 분야 삼성(진정성, 전문성, 신뢰성)을 올려 줍니다.

필자는 네이버 메모장 어플을 활용합니다. 어떤 메모장이든 상관없습니다.

대신 언제든지 PC와 스마트폰이 연동이 되어 바로 저장이 되고 언제든지 꺼내서 볼 수 있는 상황을 만들어 놔야 합니다.

페이스북, 유튜브, 인스타그램, SNS, 네이버…에서 본 영상, 글, 메시지, 사진, 느낌 오는 모든 것, 자신이 봤을 때 공감 되고 느낌 오는 것들이 엄청나게 많습니다.
네이버 메모장, 개인 메모장에 저장해 두었다가 보인

SNS에 공유하면 되는 겁니다. 참 쉽죠!

대부분 사람들은 스마트폰에서 하루 영상 50개,이미지 100장, 글 100개를 평균적으로 접합니다.

스마트폰을 효율적으로 사용을 해야 합니다. 시간 때 우는, 시간을 죽이는 스마트폰 활용이 아니라 시간을 버는, 나의 성장, 배움을 올릴 수 있는 효율적인 스마트 활용을 해야 합니다. 아무리 좋은 것도 저장을 안 하고 바로 찾지 못하면 다 쓰레기가 되어버립니다.

내 것으로 만들려면 언제든지 찾아서 볼 수 있는 상황을 만들어봐야 합니다. 그래야 진짜 내 것이 되는 겁니다. 필자가 하고 있는 것을 잘 참고해서 지금부터 시작했으면 좋겠습니다.

자기계발은 특별한 게 아닙니다. 사소한 것이라도 꾸준하게 나의 변화, 성장을 만들 수 있는 것이라면 모든 게 자기계발, 자존감의 시작입니다.

혹시 아나요? 저 같이 영상 하나 공유로 누군가의 극단적인 선택을 막을 있는 상황이 올 수도 있습니다.

우연히 지인과 이런 저런 애기를 하다 보니 지인이 너무나도 힘들어 하는 상황이었습니다.

극단적인 생각을 할 수 있을 정도의 상황이었습니다. 네이버 메모장에 저장해 놓은 글이 순간 생각났습니다. 도움이 될 수 있을까 해서 영상, 글을 보내줬습니다. 극단적인 선택까지 생각했었는데 필자가 보내준 영상, 글을 보고 마음이 바뀌었다고 하면서 고맙다며 생명의 은인이라고 말을 했습니다.

나의 1%가 누군가에게 살아가는 이유 100%가 될 수 있습니다. 필자에게는 사소했던 영상, 글이 지인에게 살아가는 이유 100%가 되었습니다.

이런 상황을 겪으면서 필자의 자존감은 낮아졌을까요? 높아졌을까요? 당연히 높아졌습니다. 가까운 사람들에게 도움이 되는 자존감을 많이 쌓아야 합니다.

나를 위한 행동보다는 상대방을 위해서 하는 사소한 행동들이 자존감을 속 충전 해줍니다.

나다운 방탄자존감 명언 II (교재)
16P ~ 17P
자존감 낮은 사람들이 자주하는 말?
자존감 높은 사람들이 자주하는 말?

자존감 낮은 사람들이 자주 하는 말이 있고 자존감 높은 사람들이 자주 하는 말이 있습니다.

자존감 낮은 사람들은 항상 이런 말을 많이 합니다.
"오늘도 못했는데 내일 해도 안 될 거야."
"못하면 어떻게 욕먹으면 어떡해."
"무조건 잘해야 되는데."
"좋은 결과 나와야 되는데."
"나만 처음부터 못하는 것 같아."

자존감 낮은 사람들이 자주하는 말?
자존감 높은 사람들이 자주하는 말?

자존감 낮은 사람들이 자주 하는 말!

"오늘도 못했는데 내일 해도 안 될 거야"

"못하면 어쩌지, 욕먹으면 어쩌지"

"무조건 잘해야 되는데, 결과 나와야 되는데"

"나만 처음부터 못하는 것 같아"

자존감 낮은 사람들은 주위 사람들의 말을 너무나도 의식을 많이 합니다. 상황 자체를 있는 그대로 받아들이지 못하고 부정적으로 비꼬아서 생각을 합니다. 늘 핑계 대며, 탓하며 부정적으로 받아들입니다.

자존감 높은 사람들은 항상 이런 말을 많이 합니다.
"내일 다시 해보자!"
"까짓것 못하면 좀 어때!"
"잘하지 않아도 괜찮아!"
"당신들은 처음부터 잘했냐!"

자존감 낮은 사람들이 자주하는 말?
자존감 높은 사람들이 자주하는 말?

자존감 높은 사람들이 자주 하는 말!

"내일 다시 해보자" "까짓것 못하면 좀 어때"
"잘 하지 않아도 괜찮아" "당신들은 처음부터 잘 했냐"

자존감 높은 사람들은 주위 사람들의 말을 크게 의식하지 않고 흔들리지 않습니다.
상황 자체를 그대로 받아들이고 핑계 대지 않습니다.

자신의 능력, 스펙, 학벌이 차이를 만드는 것이 아닙니다. 이제는 자존감이 차이를 만든다는 것을 피부로 와 닿았을 겁니다.
자존감이 높은 사람들이 자주 말하는 것들을 공식처럼 외우고 다닌다고 되는 게 아닙니다. 자존감의 본질을 학습, 연습, 훈련하면서 공식을 대입해야 시너지 효과가 나는 것이고 오래 지속되는 것입니다.

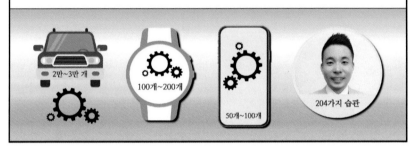

자존감 본질 학습, 연습, 훈련을 어떻게 할 것인가?

나다운 행복, 나다운 인생을 만들기 위한 행동!

자존감의 본질 학습, 연습, 훈련을 어떻게 할 것인가?

자동차가 움직이려면 2만 ~ 3만 가지 부품들이 합쳐져서 움직입니다.

손목 시키는 100개 ~ 200개 부품들이 합쳐져서 움직입니다.

스마트폰은 50개 ~ 100개 부품들이 합쳐져서 움직입니다.

최보규 방탄자기계발 전문가의 자존감 학습, 연습, 훈련은 204가지 습관들이 합쳐져서 나다운 인생, 나다운 행

복을 만들어 갑니다. 필자의 자존감 학습, 연습, 훈련
204가지 습관 벤치마킹 하세요!

누구답게 가 아니라 당신답게 만들어 가세요!

자존감 본질 학습, 연습, 훈련을 어떻게 할 것인가?

듣는 것은 0.1초
본 것은 1초
메모하고 행동한 것만 100년 간다!
학습, 연습, 훈련 반복!
자생능력 생길 때까지!
(혼자서 할 수 있는 능력)

2008년 ~ 현

1. 전신 장기기증
2. 유서 써놓기
3. 꿈 목표 설정
4. 영양제 챙기기
5. 꿀 챙기기
6. 계단 이용
7. 8시간 숙면
8. 취침 4시간 전 안 먹기
9. 기상 후, 자기 전 스트레칭 10분
10. 술, 담배 안 하기
11. 하루 운동 30분
12. 밀가루 기름진 음식 줄이기
13. 자극적인 음식 줄이기
14. 얼굴 눈 스트레칭
15. 박장대소 하루 2회
16. 기상 직후 양치질 물먹기
17. 물 7잔 마시기
18. 밥 먹는 중 물 조금만
19. 국물 줄이기
20. 밥 먹고 30후 커피 마시기
21. 기상 직후 책 듣기
22. 한달 책 15권 보기
23. 책 메모하기
24. 메모 ppt 만들기
25. SNS 캡처 자료수집
26. 강의 자료 항상 찾기
27. 좋은 글 점심때 보내기
28. 사랑의 전화 봉사
29. 주말 유치원 봉사
30. 지인 상담봉사
31. 강의 재능기부
32. 사랑의 전화 후원
33. 강의자료 주기
34. TV 줄이기
35. 부정적인 뉴스 줄이기
36. 술선수봄라기
37. 지인들 선물 챙기기
38. 한달 한번 등산
39. 몸에 무리 가는 행동 안 하기
40. 하루 감사 기도 마무리
41. 탄산음료, 과일주스 줄이기
42. 아침 유산균 챙기기
43. 고자세
44. 스마트폰 소독 2번
45. 게임 안 하기
46. SNS 도움 되는 것 공유
47. 전단지 받기
48. 긍정, 멘탈 사용설명서 도구 스티커 나눠주기
49. 학습자 선물 주기
50. 강의 피드백 해주기
51. 자일리톨 원석 먹기 하루3개
52. 찬물 줄이고 물 미온수 먹기
53. 소금물 가글
54. 알람 듣고 바로 일어나기

2008년 ~ 현

55. 오전 10시 이후 커피 먹기
56. 믹스커피 안 먹기
57. 강의 족보 주기
58. 강의 동영상 주기
59. 강의 녹음파일 주기
60. 블로그 좋은 글 나누기
61. 인스턴트 음식 줄이기
62. 아이스크림 줄이기
63. 빨리 걷기
64. 배워서 남주자 실천(PPT)
65. 읽어서 남주자 실천(책 속의글)
66. 오른손으로 차 문 열기
67. 오손도손 오손 왼손 캠페인 전파하기
68. 운전 중 스마트폰 안 보기
69. 취침 전 30분 독서
70. 취침 전 30분 스마트폰 안 보기
71. 오늘이 마지막인 것처럼 섬기고 영원히 살 것처럼 배우기
72. 자존심 신발장에 넣어 두고 나오기
73. 내가 받은 상처는 모래에 새기고 내가 받은 은혜는 대리석에 새기기
74. 어제의 나와 비교하기
75. 어제 보다 0.1% 성장하기
76. 세상에서 가장 중요한 스펙? 건강, 태도 실천하기
77. 나방이 되지 않기
78. 마라톤 10주 프로그램 시작
79. 마라톤 5km 도전
80. 마라톤 10km 도전
81. 마라톤 하프 도전
82. 마라톤 풀코스 도전
83. 자기 전 5분 명상
84. 뱃살 스트레칭 3분
85. 아침 동기부여 사진 보내기 8시
86. 저녁 동기부여 사진 보내기 9시
87. 나의 1%는 누군가에게는 100%가 될 수 있다. 실천
88. 150세까지 지금 몸매, 몸 상태 유지 관리
89. 아침 달걀 먹기
90. 운동 후 달걀 먹기
91. 헬스장 등록
92. 오래 살기 위해서가 아니라 옳게 살기 위해 노력하는 사람이 되자
93. 남들이 하는 거 안 하기 남들이 안 하는 거 하기

2008년 ~ 현

94. 아침 결명자차 마시기
95. 저녁 결명자차 마시기
96. 폼롤러 스트레칭
97. 어제보다 나은 내가 되자
98. 남들이 안 하는 강의 분야 도전
99. 플랭크 운동
100. 스쿼터 운동
101. 계산할 때 양손으로 주고받고 인사
102. 명함 거울 선물 주기
103. 40살 되기 전 책 출간
104. 반100년 되기 전 책 5권 집필하기
105. 유튜브[나다운TV] 강사심폐소생술
106. 유튜브[나다운TV] 나다운심폐소생술
107. 아.원.때.시.후.성.실 말 줄이기
108. 나다운 강사 책 유튜브 올려 함께 잘되기
109. 리플렛으로 동기부여 시켜주기
110. 아침 8시 동기부여 메시지 만들어 보내기
111. 저녁 9시 동기부여 메시지 만들어 보내기
112. 어플 속의 한줄에 책 내용 올리기
113. 책 내용 SNS 오픈
114. 3번째 책 작업 시작
115. 4번째 책 자료수집
116. 뱃살관리 스트레칭 아침, 저녁 5분
117. 3번째 책 기획출판계약
118. 최보규강사사관학교 시작
119. 최보규강사사관학교 지회 원장 임명
120. 올노(올바른 노력)공식 오픈
121. 행복, 방탄멘탈 공식 자자자자멘능금 오픈
122. 생화 네 잎 클로버 선물 주기
123. 세바시를 통해 극단적인선택 예방 전파!
124. 세바시를 통해 자자자자멘능금 사용설명서 전파!
125. 4번째 책 원고 시작 2021년 1월 출간 목표!
126. 전염성이 강한 상황 왔을 때 대처하기 위한 준비
127. 코로나19 극복을 위한 공적 마스크 독고 어르신들 주기!

최보규 방탄자기계발 전문가의 자존감 학습, 연습, 훈련 204가지 습관

2008년 ~ 현

128. 아내를 위해 앉아서 소변보기
129. 믿으라 하지 말고 믿게 하자
130. 좋은 사람이 되지 말고 좋은 사람 되어주자.
131. 좋아하게 하지 말고 좋아지게 하자
132. 보여주는(인기)인생을 사는 것보다
    보여지는(인정)인생을 살아가자.
133. 나 이런 사람이라 말하지 않아도
    이런 사람이구나 느끼게 하자.
134. 마음을 얻으려 하지 말고 마음을 열게 하자.
135. 믿으라 하지 말고 믿게 하자
136. 나의 행복 0순위는 아내의 행복이다.
    일어나서 자기 전까지 모든 것 아내에게 집중!
137. 아내 앞을 잘 듣자! 하는 일이 잘 된다!
138. 아버지가 어머니에게 이렇게 대했으면 하는 남편이
    되겠습니다. 매일매일이 누나들에게 이렇게 대했으면
    하는 남편이 되겠습니다.
139. 눈내 남편은 아니다다. 빌려 쓰는 달비, 슘, 몸에
    우리가 가는 모든 것 자체 하고 건강관리, 자기관리
    하겠습니다.
140. 아내의 은혜를 보답하기 위해 머리, 가슴, 몸, 돈으로
    실천하겠습니다.

141. 아내에게 받은 사랑(내조) 보답하기 위해 머리, 가슴, 몸, 돈
    으로 실천하겠습니다.
142. 아내를 몸, 마음, 돈으로 평생 웃게 해서 호강시켜주겠습니다.
143. 아내를 존경하겠습니다. 세상에 아내 같은 여자 없습니다.
144. 아내 빼고는 모든 여자는 공룡이다! 정신으로 살겠습니다.
145. 많은 사람들에게 인정받는 남편이 아닌 아내에게 인정받는
    남편이 되기 위해 먼저 맞추는자는 남편이 되겠습니다.
146. 아내에게 무조건 지겠습니다.
    이기려 하지 않겠습니다. 아내 앞에서는 나직성자체를
    내려놓겠습니다. (나이, 직급, 성별, 자존심, 체면)
147. 지저분한 것(음식물 쓰레기, 화장실 청소)다 하겠습니다.
148. 함께하는 한 가지를 위해 개인 생활 10가지를 감수하겠습니다.
149. 최강자학습지 시작 (최보규의 강사학습지, 자기계발학습지)
150. 홈코 시작(집에서 화상 1:1 케어)
151. 불자의 인생 시작
152. 나는 복덩어리다. 나는 운이 좋은 사람이다.
153. 베스트셀러 3권 달성 노하우 책 쓰기 교육 시작
154. 유튜브, 유튜버 100년 하는 노하우 교육 시작

최보규 방탄자기계발 전문가의 자존감 학습, 연습, 훈련 204가지 습관

2008년 ~ 현

155. 방탄멘탈마스터 양성 시작
156. 나다운 방탄멘탈 책으로 극단적인 선택 줄이기
157. 아침 8시, 저녁9시 방탄멘탈공식 SNS 공유
158. 5번째 책 2022년 나다운 방탄사랑
159. 2023 나다운 방탄멘탈 2
160. 2024 나다운 책 쓰기(100년 가는 책)
161. 2025 유튜버가 아니라 나튜버 (100년 가는 나튜버)
162. 2026 나다운 강사3(Q&A)
163. 2027 나다운 명인
164. 2029 나다운 인생(50살 자서전)
165. 줌 화상1기법 강의, 코칭(최보규줌사관학교)
166. 언택트(비대면)시대에 맞게 아날로그 방식 80%를
    디지털 방식 80%로 체인지
167. 변기 뚜껑 닫고 물 내리기
168. 빨래개기
169. 요리하기, 요리책 내기 위한 자료 수집
170. 화장실 물기 제거

171. 부엌 청소, 집 청소, 화장실 청소
172. 사랑해 100번 표현하기
173. 아내에게 하루 마무리 안마 5분 해주기
174. 헌혈 2달에 1번
175. 헌혈증 기부
176. 네 번째 책 행복 히어로 책 출간
177. 극단적인 선택률, 이혼률 낮추기 위한 교육 시작
178. 행복을 높이기 위한 교육 시작
179. 다섯 번째 책 원고 작업 시작
180. 여섯 번째 책 자료 수집
181. 운전 중 양보 해줄 때, 받을 때 목례로 인사하기.
182. 다섯 번째 책 나다운 방탄습관블록 출간
183. 습관사관학교 시스템 완성
184. 습관 코칭, 교육 시작
185. 아침 8시, 저녁 9시 습관 메시지 sns 공유
186. 습관 전문가 되어 무료 케어 상담 시작
187. 습관 콘텐츠 유튜브<행복히어로>에 무료 오픈 시작

최보규 방탄자기계발 전문가의 자존감 학습, 연습, 훈련 204가지 습관

2008년 ~ 현

188. 여섯 번째 책 원고 작업 시작
189. 최보규상(대한민국 노벨상) 버킷리스트 설정
190. 2037년까지 운영진, 자금(상금), 시스템 완성 목표 설정
191. 최보규상을 1,000년 동안 유지하기 위한 공부
192. 일곱 번째 자존감 책 원고 작업
193. 여덟 번째 책 쓰기 자료 수집, 공부
194. 앉아서 일 할 때 50분의 한번 건강 타이머 누르기
195. 세계 최초 자기계발쇼핑몰(www.방탄자기계발사관학교.com)
196. 온라인 건물주 분양 시작(월세, 연금성 소득 몰릴 수 있는 시스템)
197. 일곱, 여덟 번째 책 출간(나다운 방탄자존감 명인 Ⅰ, Ⅱ)
198. 자기계발코칭전문가 1급, 2급 자격증 교육 시작
199. 방탄자기계발사관학교 Ⅰ, Ⅱ, Ⅲ, Ⅳ 4권 출간
200. 2021년 목표였던 9권 책 출간 달성!
201. 하루 3번 호흡 스펙 습관 쌓기 시작
    (코 8초 마시고, 5초 멈추고, 입으로 8초 내뱉기)
202. 장모님께 출간 한 책 12권 드리기
203. 2022년 최보규의 책 쓰기9 원고 작업 시작
204. 100만 프리랜서를 도움주기 위한 프로젝트 시작

자신의 무한한 가능성을

방탄자기계발사관학교에서 시작하세요!
150년 a/s,관리,피드백 함께하겠습니다!

부록

Google 자기계발아마존

방탄자기계발
사관학교

자신의 무한한 가능성을
방탄자기계발사관학교에서 시작하세요!

방탄자존감 사관학교

방탄행복 사관학교

방탄멘탈 사관학교

방탄습관 사관학교

방탄사랑 사관학교

방탄웃음 사관학교

방탄강사 사관학교

방탄책쓰기 사관학교

방탄유튜버 사관학교

방탄자기계발
심화(1급) 코칭

9개 분야 중 심화 코칭 받고 싶은 분야 선택 가능!

(자존감, 행복, 멘탈, 습관, 사랑, 웃음, 강사, 책 쓰기, 유튜버)

1개 분야 (5시간)	6개 분야 (30시간)
2개 분야 (10시간)	7개 분야 (35시간)
3개 부야 (15시간)	8개 분야 (40시간)
4개 분야 (20시간)	9개 분야 (45시간)
5개 분야 (25시간)	

상담 무료!
최보규 대표
📱 010-6578-8295
nice5889@naver.com

방탄자기계발 내공, 스펙, 값어치

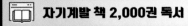

자기계발 책 2,000권 독서

20,000명 상담 코칭

자기계발 책 12권 출간

44년간 자기계발 습관 204가지 만듦

방탄자기계발 심화(1급) 코칭

9개 분야 중 심화 코칭 받고 싶은 분야 선택 가능!

(자존감, 행복, 멘탈, 습관, 사랑, 웃음, 강사, 책 쓰기, 유튜버)

1개 분야 (5시간)	6개 분야 (30시간)
2개 분야 (10시간)	7개 분야 (35시간)
3개 부야 (15시간)	8개 분야 (40시간)
4개 분야 (20시간)	9개 분야 (45시간)
5개 분야 (25시간)	

상담 무료!
최보규 대표
☎ 010-6578-8295
nice5889@naver.com

방탄자존감 자기계발

클래스 1단계	자존감 종합검진
클래스 2단계	방탄자존감 1단계 (자존감 원리 이해)
클래스 3단계	방탄자존감 2단계 (후시딘 자존감)
클래스 4단계	방탄자존감 3단계 (마데카솔 자존감)
클래스 5단계	방탄자존감 실천 동기부여

방탄자기계발 심화(1급) 코칭

9개 분야 중 심화 코칭 받고 싶은 분야 선택 가능!

(자존감, 행복, 멘탈, 습관, 사랑, 웃음, 강사, 책 쓰기, 유튜버)

1개 분야 (5시간)	6개 분야 (30시간)
2개 분야 (10시간)	7개 분야 (35시간)
3개 부야 (15시간)	8개 분야 (40시간)
4개 분야 (20시간)	9개 분야 (45시간)
5개 분야 (25시간)	

상담 무료!

최보규 대표

📱 010-6578-8295

nice5889@naver.com

방탄행복 자기계발

클래스 1단계	행복 초등학생, 행복 중학생, 행복 고등학생 001강 ~ 030강
클래스 2단계	행복 전문학사 = 031강 ~ 050강 행복 학사 = 051강 ~ 080강
클래스 3단계	행복 석사 = 081강 ~ 100강
클래스 4단계	행복 박사 = 101강 ~ 120강
클래스 5단계	행복 히어로 = 120강 ~ 135강

방탄자기계발 심화(1급) 코칭

9개 분야 중 심화 코칭 받고 싶은 분야 선택 가능!

(자존감, 행복, 멘탈, 습관, 사랑, 웃음, 강사, 책 쓰기, 유튜버)

1개 분야 (5시간)	6개 분야 (30시간)
2개 분야 (10시간)	7개 분야 (35시간)
3개 부야 (15시간)	8개 분야 (40시간)
4개 분야 (20시간)	9개 분야 (45시간)
5개 분야 (25시간)	

상담 무료!
최보규 대표
☎ 010-6578-8295
nice5889@naver.com

방탄멘탈 자기계발

클래스 1단계	순두부 멘탈 step 01 ~ step 10 실버 멘탈 step 11 ~ step 20
클래스 2단계	골드 멘탈 step 21 ~ step 30 에메랄드 멘탈 step 31 ~ step 40
클래스 3단계	다이아몬드 멘탈 step 41 ~ step 50
클래스 4단계	블루다이아몬드 멘탈 step 51 ~ step 70
클래스 5단계	나다운 방탄멘탈 step 71 ~ step 115

방탄자기계발 심화(1급) 코칭

9개 분야 중 심화 코칭 받고 싶은 분야 선택 가능!

(자존감, 행복, 멘탈, 습관, 사랑, 웃음, 강사, 책 쓰기, 유튜버)

1개 분야 (5시간)	6개 분야 (30시간)
2개 분야 (10시간)	7개 분야 (35시간)
3개 부야 (15시간)	8개 분야 (40시간)
4개 분야 (20시간)	9개 분야 (45시간)
5개 분야 (25시간)	

상담 무료!

최보규 대표

010-6578-8295

nice5889@naver.com

방탄습관 자기계발

클래스 1단계	나다운 방탄습관블록 공식
클래스 2단계	몸 습관 블록 쌓기
클래스 3단계	머리 습관 블록 쌓기
클래스 4단계	마음(방탄멘탈)습관 블록 쌓기
클래스 5단계	자신 습관 종합검진 습관 처방전과 실천 동기부여

방탄자기계발 심화(1급) 코칭

9개 분야 중 심화 코칭 받고 싶은 분야 선택 가능!

(자존감, 행복, 멘탈, 습관, 사랑, 웃음, 강사, 책 쓰기, 유튜버)

1개 분야 (5시간)	6개 분야 (30시간)
2개 분야 (10시간)	7개 분야 (35시간)
3개 부야 (15시간)	8개 분야 (40시간)
4개 분야 (20시간)	9개 분야 (45시간)
5개 분야 (25시간)	

상담 무료!

최보규 대표

☎ 010-6578-8295

nice5889@naver.com

방탄사랑 자기계발

클래스 1단계	결혼은 한명이 아닌 세명과 한다. 사랑 본질 학습, 연습, 훈련
클래스 2단계	부부 방탄멘탈 업그레이드 1
클래스 3단계	부부 방탄멘탈 업그레이드 2
클래스 4단계	부부행복 (부부서로 행복히어로 되어주기)
클래스 5단계	부부 13계명 학습, 연습, 훈련 1 부부 13계명 학습, 연습, 훈련 2 (화해의 기술)

방탄자기계발
심화(1급) 코칭

9개 분야 중 심화 코칭 받고 싶은 분야 선택 가능!

(자존감, 행복, 멘탈, 습관, 사랑, 웃음, 강사, 책 쓰기, 유튜버)

1개 분야 (5시간)	6개 분야 (30시간)
2개 분야 (10시간)	7개 분야 (35시간)
3개 부야 (15시간)	8개 분야 (40시간)
4개 분야 (20시간)	9개 분야 (45시간)
5개 분야 (25시간)	

상담 무료!
최보규 대표

✉ ☎ 010-6578-8295

nice5889@naver.com

방탄웃음 자기계발

클래스 1단계	방탄웃음 원리 이해 (학습, 연습, 훈련)
클래스 2단계	방탄웃음 스팟 기법 (학습, 연습, 훈련)
클래스 3단계	방탄웃음 실전 기법 (학습, 연습, 훈련)
클래스 4단계	방탄웃음 습관 사용설명서 (학습, 연습, 훈련)
클래스 5단계	방탄웃음 실전 강의 청강 (강사료 100만 원 실전 강의)

방탄자기계발
심화(1급) 코칭

9개 분야 중 심화 코칭 받고 싶은 분야 선택 가능!

(자존감, 행복, 멘탈, 습관, 사랑, 웃음, 강사, 책 쓰기, 유튜버)

1개 분야 (5시간)	6개 분야 (30시간)
2개 분야 (10시간)	7개 분야 (35시간)
3개 부야 (15시간)	8개 분야 (40시간)
4개 분야 (20시간)	9개 분야 (45시간)
5개 분야 (25시간)	

상담 무료!
최보규 대표
☎ 010-6578-8295
nice5889@naver.com

방탄강사 자기계발

클래스 1단계	강의 시작 집중기법, SPOT 기법 아이스브레이킹 기법, SPOT+메시지기법
클래스 2단계	스토리텔링 기법
클래스 3단계	엑티비티 팀빌딩 기법 (팀 워크, 조직활성화)
클래스 4단계	강사 인성, 매너, 개념, 멘탈 교육 강사 연차 별 준비, 변화 방법! 강사료 올리는 방법!
클래스 5단계	3D.4D 강의 기법. 담당자, 청중, 학습자가 원하는 강의기법

방탄자기계발
심화(1급) 코칭

9개 분야 중 심화 코칭 받고 싶은 분야 선택 가능!
(자존감, 행복, 멘탈, 습관, 사랑, 웃음, 강사, 책 쓰기, 유튜버)

1개 분야 (5시간) 2개 분야 (10시간) 3개 부야 (15시간) 4개 분야 (20시간) 5개 분야 (25시간)	6개 분야 (30시간) 7개 분야 (35시간) 8개 분야 (40시간) 9개 분야 (45시간)

상담 무료!
최보규 대표
☎ 010-6578-8295
nice5889@naver.com

방탄책쓰기 자기계발

클래스 1단계	책 쓰기, 책 출간 의미 부여, 목표, 방향 설정 (5가지 책 출판 장단점)
클래스 2단계	7G (원고, 투고, 퇴고, 탈고, 투고, 강의, 강사)
클래스 3단계	온라인 콘텐츠 연결 기획, 제작
클래스 4단계	디지털 콘텐츠 연결 기획, 제작
클래스 5단계	자신 분야 연결 제2수입, 제3수입 발생 무인 시스템 기획, 제작

방탄자기계발
심화(1급) 코칭

9개 분야 중 심화 코칭 받고 싶은 분야 선택 가능!

(자존감, 행복, 멘탈, 습관, 사랑, 웃음, 강사, 책 쓰기, 유튜버)

1개 분야 (5시간)	6개 분야 (30시간)
2개 분야 (10시간)	7개 분야 (35시간)
3개 부야 (15시간)	8개 분야 (40시간)
4개 분야 (20시간)	9개 분야 (45시간)
5개 분야 (25시간)	

상담 무료!
최보규 대표
📱 010-6578-8295
nice5889@naver.com

방탄유튜버 자기계발

클래스 1단계	유튜브 시작 준비! (채널 100년 목표, 방향, 자신 분야 연결)
클래스 2단계	영상 촬영 방향! (영상 콘셉트, 기획)
클래스 3단계	촬영 기법! (기본 장비, 촬영 도구, 카메라)
클래스 4단계	영상 업로드! (편집프로그램, 영상 편집 기본 세팅)
클래스 5단계	유튜버 인성, 매너, 멘탈, 홍보전략 (유튜버 태도) 자신 분야 연결 제2수입, 제3수입 발생 무인 시스템 기획, 제작

4차 산업시대는
4차 강사인 방탄강사!

커리큘럼

NAVER 방탄자기계발사관학교

클래스명	내용	1급(온,오)
강사 현실	강사 현실(생계형 강사 90% 강사님 강사료가 어떻게 되나요?)	1강
강사 준비 1	강사라는 직업을 시작하려는 분들 준비, 학습, 연습, 훈련!	2강-1부
강사 준비 2	강사라는 직업을 시작하려는 분들 준비, 학습, 연습, 훈련!	3강-2부
강사 준비 3	강사라는 직업을 시작하려는 분들 준비, 학습, 연습, 훈련!	4강-3부
1년차 ~ 3년차	1년차 ~ 3년차 경력 있는 강사들 준비, 학습, 연습, 훈련!	5강
3년차 ~ 5년차	3년차 ~ 5년차 경력 있는 강사들 준비, 학습, 연습, 훈련!	6강
5년차 ~ 10년차 1	5년차 ~ 10년차 이상 경력 있는 강사들 준비, 학습,연습, 훈련!	7강-1부
5년차 ~ 10년차 2	5년차 ~ 10년차 이상 경력 있는 강사들 준비, 학습,연습, 훈련!	8강-2부
5년차 ~ 10년차 3	5년차 ~ 10년차 이상 경력 있는 강사들 준비, 학습,연습, 훈련!	9강-3부
5년차 ~ 10년차 4	5년차 ~ 10년차 이상 경력 있는 강사들 준비, 학습,연습, 훈련!	10강-4부
강의, 강사 트렌드	교육담당자, 청중, 학습자가 원하는 강의 강사 트렌드! 2022년 부터 ~ 2150년 강의, 강사 트렌드!	11강
코칭전문가	코칭전문가 10계명(품위유지의무)	12강

"국가등록 민간자격"

★ 자격증명: 강사코칭전문가 2급, 1급
★ 등록번호: 2022-001741
★ 주무부처: 교육부
★ 자격증 종류: 모바일 자격증

강사코칭전문가2급
필기/실기

강사코칭전문가2급 필기시험/실기시험

\#. 자격증 검증비, 발급비 50,000원 발생
   (입금 확인 후 시험 응시 가능)

▶ 1강~11강(객관식):(10문제 = 6문제 합격)

▶ 12강(주관식):(10문제 = 6문제 합격)

▶ 시험 응시자 문자, 메일 제목에 자기계발코칭전문
   가2급 시험 응시합니다.
   최보규 010-6578-8295 / nice5889@naver.com

▶ 네이버 폼으로 문제를 보내주면 1주일 안에 제출!
   합격 여부 1주일 안에 메일, 문자로 통보!
   100점 만점에 60점 안되면 다시 제출!

강사코칭전문가1급
필기/실기

강사코칭전문가1급 필기시험/실기시험

강사코칭전문가2급 취득 후 온라인(줌)1:1, 오프라인1:1 선택! 강사 종합검진후 맞춤 집중 코칭! 2급과 동일하게 필기시험, 실기시험(코칭 비용 상담)

강사코칭전문가2급 커리큘럼

클래스명	내용	1급(온,오)
강사 현실	강사 현실(생계형 강사 90% 강사님 강사료가 어떻게 되나요?	1강
강사 준비 1	강사라는 직업을 시작하려는 분들 준비, 학습, 연습, 훈련!	2강-1부
강사 준비 2	강사라는 직업을 시작하려는 분들 준비, 학습, 연습, 훈련!	3강-2부
강사 준비 3	강사라는 직업을 시작하려는 분들 준비, 학습, 연습, 훈련!	4강-3부
1년차 ~ 3년차	1년차 ~ 3년차 경력 있는 강사들 준비, 학습, 연습, 훈련!	5강
3년차 ~ 5년차	3년차 ~ 5년차 경력 있는 강사들 준비, 학습, 연습, 훈련!	6강
5년차 ~ 10년차 1	5년차 ~ 10년차 이상 경력 있는 강사들 준비, 학습,연습, 훈련!	7강-1부
5년차 ~ 10년차 2	5년차 ~ 10년차 이상 경력 있는 강사들 준비, 학습,연습, 훈련!	8강-2부
5년차 ~ 10년차 3	5년차 ~ 10년차 이상 경력 있는 강사들 준비, 학습,연습, 훈련!	9강-3부
5년차 ~ 10년차 4	5년차 ~ 10년차 이상 경력 있는 강사들 준비, 학습,연습, 훈련!	10강-4부
강의, 강사 트렌드	교육담당자, 청중, 학습자가 원하는 강의 강사 트렌드! 2022년 부터 ~ 2150년 강의, 강사 트렌드!	11강
코칭전문가	코칭전문가 10계명(품위유지의무)	12강

강사코칭전문가1급 커리큘럼

클래스명	내용	1급(온,오)
집중 기법	강의 시작 동기부여 강의 집중 기법	1강
SPOT 기법	아이스브레이킹 기법 (SPOT+메시지기법)	2강
스토리텔링 기법	집중기법+스토리텔링 기법	3강
강사료UP	강사료 올리는 방법! 강사 인성, 매너, 개념, 멘탈 교육	4강
강의트랜드	담당자, 청중, 학습자가 원하는 강의기법 트렌드	5강

최보규 방탄자기계발 전문가
삼성이 검증된 100가지 기술력

(진정성, 전문성, 신뢰성) www.방탄자기계발사관학교.com

1	방탄 자존감 코칭 기술	13	방탄 강사 코칭 기술	25	방탄 리더십 코칭 기술	37	종이책 쓰기 코칭 기술
2	방탄 자신감 코칭 기술	14	방탄 강의 코칭 기술	26	방탄 인간관계 코칭 기술	38	PDF책 쓰기 코칭 기술
3	방탄 자기관리 코칭 기술	15	파워포인트 코칭 기술	27	방탄 인성 코칭 기술	39	PPT로 책 출간 코칭 기술
4	방탄 자기계발 코칭 기술	16	강사 트레이닝 코칭 기술	28	방탄 사랑 코칭 기술	40	자격증교육 커리큘럼 으로 책 출간 코칭 기술
5	방탄 멘탈 코칭 기술	17	강사 스킬UP 코칭 기술	29	스트레스 해소 코칭 기술	41	자격증교육 커리큘럼으 로 영상 제작 코칭 기술
6	방탄 습관 코칭 기술	18	강사 인성, 멘탈 코칭 기술	30	힐링, 웃음, FUN 코칭 기술	42	책으로 디지털콘텐츠 제작 코칭 기술
7	방탄 긍정 코칭 기술	19	강사 습관 코칭 기술	31	마인드컨트롤 코칭 기술	43	책으로 온라인콘텐츠 제작 코칭 기술
8	방탄 행복 코칭 기술	20	강사 자기계발 코칭 기술	32	사명감 코칭 기술	44	책으로 네이버 인물등록 코칭 기술
9	방탄 동기부여 코칭 기술	21	강사 자기관리 코칭 기술	33	신념, 열정 코칭 기술	45	책으로 강의 교안 제작 코칭 기술
10	방탄 정신교육 코칭 기술	22	강사 양성 코칭 기술	34	팀워크 코칭 기술	46	책으로 민간 자격증 만드는 코칭 기술
11	꿈 코칭 기술	23	강사 양성 과정 코칭 기술	35	협동, 협업 코칭 기술	47	책으로 자격증과정 8시간 제작 코칭 기술
12	목표 코칭 기술	24	퍼스널브랜딩 코칭 기술	36	버킷리스트 코칭 기술	48	책으로 유튜브 콘텐츠 제작 코칭 기술

최보규 방탄자기계발 전문가

삼성이 검증된 자기계발 기술 책

(진정성, 전문성, 신뢰성)   www.방탄자기계발사관학교.com

강사분야	강의분야	멘발분야	행복분야	습관분야	자존감분야1

자존감분야2	자존감분야3	자기계발분야1	자기계발분야2	자기계발분야3	자기계발분야4

코칭전문가1	코칭전문가2	코칭전문가3	코칭전문가4	코칭전문가5	코칭전문가6

검증된 클래스101 디지털콘텐츠

CLASS101

방탄자기계발

취소

☰ Creator Center

상품명 검색 🔍

방탄 자기계발! 자기계발 시스템!
● 판매 중 · 원포인트 클래스 · 공개

1

방탄 자존감 스펙 쌓기! 자존감 사용 설명서!
● 판매 중 · 원포인트 클래스 · 공개

2

방탄 사랑 스펙 쌓기! 사랑 사용 설명서!
● 판매 중 · 원포인트 클래스 · 공개

3

습관사용설명서 습관 클래스
● 판매 중 · 원포인트 클래스 · 공개

4

최보규 방탄자기계발 전문가

검증된 클래스101 디지털콘텐츠

 CLASS101 🔍

방탄자기계발| ❌   취소

☰ **Creator Center**

 자기계발백과사전
● 판매 중 · 전자책 · 공개   **6**

 방탄자존감! 자존감 사전!
● 판매 중 · 전자책 · 공개   **7**

 방탄자존감! 자존감 사용설명서!
● 판매 중 · 전자책 · 공개   **8**

 강사 백과사전! 강사 사용설명서!
● 판매 중 · 전자책 · 공개   **9**

 행복도 스펙이다! 행복 사용설명서!
● 판매 중 · 전자책 · 공개   **10**

검증된 크몽 디지털콘텐츠

kmong

어떤 전문가를 찾으시나요?

🔍 최보규

#395236

온라인 건물주 되는 방법 알려
드립니다.

300,000원

1

#354416

방탄자존감 학습, 연습, 훈련시켜
드립니다.

20,000원

2

#361095

자기계발 학습, 연습, 훈련시켜
드립니다.

30,000원

3

검증된 크몽 디지털콘텐츠

 kmong

#294884

행복 사용 설명서로 행복케어
멘탈케어 코칭해 드립니다.

20,000원

4

#339149

인생의 산소 자존감 학습, 연습 ,
훈련시켜 드립니다.

20,000원

5

#324745

방탄습관 사용설명서,
습관백과사전, 습관코칭해 드립...

20,000원

6

#289339

강사의 모든 것 강사 백과사전,
강사 사용설명서를 드립니다.

20,000원

7

Q 최보규

🔖 전자책 **1**

[튜터전자책]방탄자존감
사전1,2 / 134P+106P

자기 관리 · 최보규

20,000원

🔖 전자책 **2**

[튜터전자책]습관백과사전/
방탄습관1=131P ....

인문·교양 · 최보규

20,000원

🔖 전자책 **3**

[튜터전자책]행복공식1=138
P . 행복공식2=145P)

인문·교양 · 최보규

22,000원

🎥 녹화영상 **4**

당신도 온라인 건물주.
자기계발코칭전문가.영상...

인문·교양 · 최보규

210,000원

최보규 방탄자기계발 전문가

검증된 클래스U 디지털콘텐츠

자기계발코칭전문가 자격증
13강(자격증 발급), 1:1 코칭 연결

CLASSU 　　클래스 개설　　로그인

\# 무엇을 배우고 싶나요?　　　　　Q

←　최보규　　　　　　　　　⊗

클래스 2개　　　　　　　↑↓ 정확도순

 참 쉽죠! 온라인 건물주!
최보규
월 70,000원　　**1**

 방탄사랑! 사랑 사용 설명서!
사랑도 스펙이다!
최보규
월 50,000원　　**2**

검증된 인클 디지털콘텐츠

≡ 인클   방탄자기계발 🔍 👤

노력 자기계발이 아닌 방탄자기계발   ▶

노력 자기계발이 아닌 방탄자기계발

~~1,000,000원~~   인클패밀리 전 강좌 무료

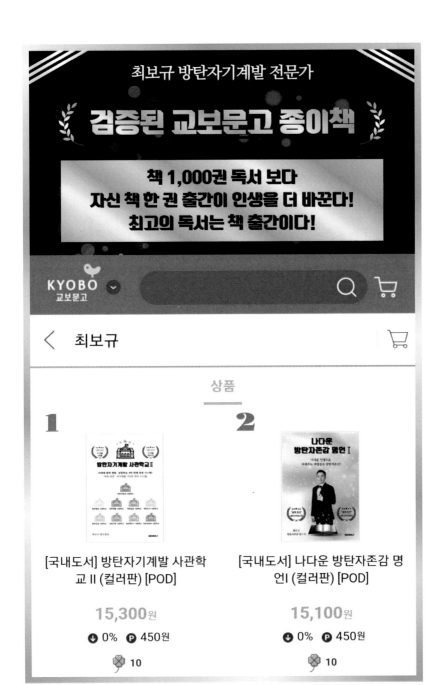

3

[국내도서] 나다운 방탄습관블록
(컬러판) [POD]

26,500원

⬇ 0% ℗ 790원

🍀 10

4

[국내도서] 나다운 방탄 카피 사
전 (컬러판) [POD]

16,900원

⬇ 0% ℗ 500원

🍀 10

5

[국내도서] 행복히어로 (컬러판)
[POD]

23,000원

⬇ 0% ℗ 690원

🍀 10

6

[국내도서] 나다운 방탄멘탈 : 하
루가 멀다하고 내 멘탈을 흔드는
세상속 <나다운 방탄멘탈>로|...

15,120원

⬇ 10% ℗ 840원

🍀 10

7

[국내도서] 나다운 강사 1 : 강사 내비게이션

13,500원

⬇ 10% Ⓟ 750원

🍀 10

8

[국내도서] 방탄자기계발 사관학교 IV (컬러판) [POD]

13,500원

⬇ 0% Ⓟ 400원

🍀 10

9

[국내도서] 나다운 강사 2 : 강사 사용 설명서

13,500원

⬇ 10% Ⓟ 750원

🍀 10

10

[국내도서] 방탄자기계발 사관학교 III (컬러판) [POD]

15,400원

⬇ 0% Ⓟ 460원

🍀 10

검증된 교보문고 종이책

< 최보규

11

[국내도서] 나다운 방탄자존감 명언 II (컬러판) [POD]

15,400원

⬇ 0%   ℗ 460원

🍀 10

12

[국내도서] 방탄자기계발 사관학교I(컬러판) [POD]

16,900원

⬇ 0%   ℗ 500원

🍀 10

책을 출간한다고 전문가가
되는 건 아니지만
전문가들은 자신 전문 분야
책이 2~3권이 있다!

최보규 방탄자기계발 전문가

검증된 교보문고 eBook

☰ 최보규방탄자기계발전문가　　🏠서점　🔍

100%

최보규 방탄자기계발 전문가

검증된 유페이퍼 디지털콘텐츠

자신 삼성을 높이는 시작은
(진정성, 전문성, 신뢰성)
책 쓰기, 책 출간이다!

온라인 건물주가
되기 위한 시작은
책 쓰기, 책 출간이다!

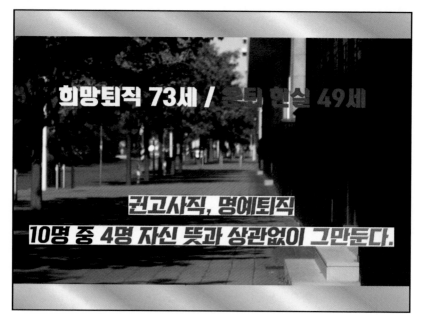

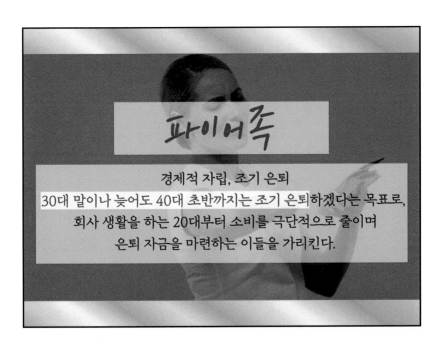

파이어족

경제적 자립, 조기 은퇴
30대 말이나 늦어도 40대 초반까지는 조기 은퇴하겠다는 목표로,
회사 생활을 하는 20대부터 소비를 극단적으로 줄이며
은퇴 자금을 마련하는 이들을 가리킨다.

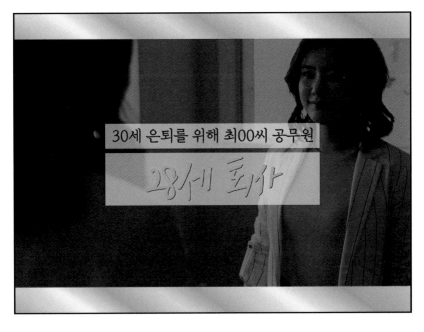

40세 은퇴를 위해 김OO씨 OO공기업

35세 퇴사

50세 은퇴를 위해 OOO씨 OO기업

45세 퇴사

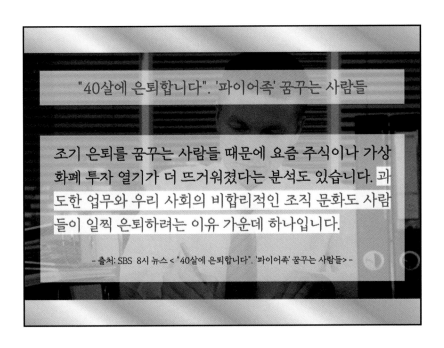

"40살에 은퇴합니다". '파이어족' 꿈꾸는 사람들

조기 은퇴를 꿈꾸는 사람들 때문에 요즘 주식이나 가상화폐 투자 열기가 더 뜨거워졌다는 분석도 있습니다. 과도한 업무와 우리 사회의 비합리적인 조직 문화도 사람들이 일찍 은퇴하려는 이유 가운데 하나입니다.

- 출처: SBS 8시 뉴스 < "40살에 은퇴합니다". '파이어족' 꿈꾸는 사람들> -

이OO씨 OO대기업

50세 명예퇴직

희망 퇴직 73세 / 은퇴 현실 49세

55살 ~79살 1500만 명 10년 만에 500만 명이 늘었다.
연금 받는 750만 명
연금을 받더라도 턱없이 부족한 69만 원이다.
1인 가구 최저생계비 116만 원.

- 출처: KBS 뉴스데스크 < 55세~79세 1,500만 명, 은퇴했지만 생활비 벌려고...> -

희망 퇴직 73세 / 은퇴 현실 49세

사람들은 평균 73세까지 일하길 희망했지만, 현실은 거리가 멉니다.
가장 오래 다닌 직장에서 그만둔 나이는 평균 49세.
사업 부진, 휴·폐업, 권고사직이나 명예퇴직 등
10명 중 4명은 자기 뜻과 상관없이 그만뒀습니다.

- 출처: KBS 뉴스데스크 < 55세~79세 1,500만 명, 은퇴했지만 생활비 벌려고...> -

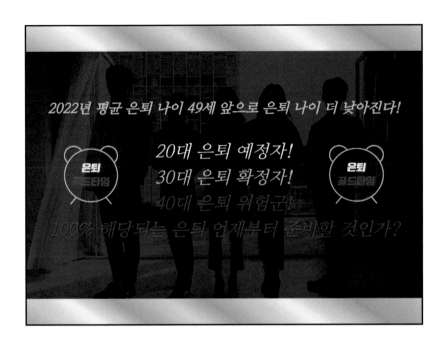

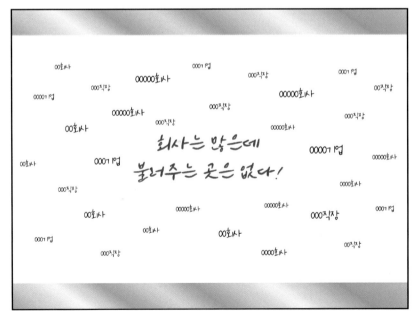

10년, 20년 경력... 인정해 주는 곳은 없고
어떻게 하면 활용, 연결할 수 있을까?

은퇴
골든타임

은퇴 골든타임 지금 준비하지 않으면
은퇴 후 50년을 진짜 개고생 한다.

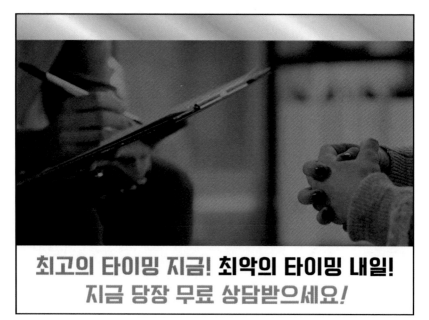

100만 프리랜서들의 고민 베스트 3
1. 움직이지 않으면 돈을 벌 수 없는 현실!
2. 고정적인 수입 발생이 어려운 현실!
3. 프리랜서 비수기 평균 5개월인 현실!

자신 분야로
움직이지 않아도, 5개월 비수기 때도
고정적인 월세, 연금처럼 수입이
100년(자녀에게 유산으로 줄 수 있는 수입) 발생하는
시스템을 소개합니다!

집중하세요!

사무실이 필요 없는 시스템!

직원이 필요 없는 시스템!

자고 일어나면 통장에 돈이 입금되는 시스템!

누구나 바라는 시스템이지만 아무나 만들 수 없고
만들고 싶어도 몇 천만원이 들어가는 시스템!

최보규원장이 그 마음 알기에 함께 잘 먹고 잘 살기 위해,
지금 현실, 앞으로 힘든 시기를 극복하는 터닝포인트 기회를 드립니다!

조물주 위에 건물주
다음 생에도 힘든 온라인 건물주가 되세요.

방탄자기계발 컨트롤타워에서
온라인 타워팰리스 분양받으세요!

분양 받기 어렵겠지?

비용이 많이 들겠지?

NOPE

NOPE

자기계발아마존

무조건

선택해야하는 이유

프리랜서 힘들죠? 지치죠?
전문 분야를 만들어 제대로 인정 받고 싶죠?
전국 돌아다니다 보니 몸이 성한 곳이 없죠?
나이가 많아서 불러 주는 사람이 점점 줄어 들고
자신 분야 프리랜서 직업의 미래가 불안하시죠?

100만 명 프리랜서 들의 걱정, 고민 들
세계 최초 자기계발 쇼핑몰을 창시한
최보규 원장이 그 마음들 알기에 함께 잘 살기 위한 시스템인
자기계발아마존에서 극복할 수 있습니다.

자기계발 아마존! 홈페이지 통합!
(자동 결제 홈페이지 렌탈 서비스!)

언제까지 몸으로만 일 할 것인가?

홈페이지가 일하게 하자! 콘텐츠가 일하게 하자!
자동화시스템이 일하게 하자! 자기계발 아마존 초이스!

NAVER 방탄자기계발사관학교	▶YouTube 방탄자기계발	Google 자기계발아마존	NAVER 최보규

9가지 비교 항목	A사 (플렛폼)	B사 (플렛폼)	C사 (플렛폼)	자기계발 아마존
홈페이지 초기 제작 비용 / 매달 비용	무료 매달 3 ~ 10만 원	100 ~ 200만 원 매달 3 ~ 10만 원	200 ~ 300만 원 매달 3 ~ 10만 원	무료 매달 5만 원
홈페이지 운영, 관리	전문가비용 100 ~ 200만 원	전문가비용 100 ~ 200만 원	전문가 비용 100 ~ 200만 원	무료
자동 / 무인 결제시스템	X (시스템 없음)	제작 비용 100 ~ 200만 원	제작 비용 100 ~ 200만 원	무료
디지털 콘텐츠 제작 촬영, 편집, 상세디자인	X (시스템 없음)	제작 비용 100 ~ 200만 원	제작 비용 200 ~ 300만 원	무료
디지털 콘텐츠 운영 비용 (매달 비용)	X (시스템 없음)	매달 3 ~ 10만 원	매달 3 ~ 10만 원	매달 5만 원
협업을 통한 회원 모집, 교류 시스템	X (시스템 없음)	X (시스템 없음)	X (시스템 없음)	홈페이지 통합 시스템으로 협업으로회원을 모집, 교류, 공유
콘텐츠 개발, 연결 (제2, 제3, 제4 수입 창출)	X (시스템 없음)	X (시스템 없음)	제작 비용 500 ~ 1,000만 원	무료 컨설팅 (기획, 제작) 콘텐츠에 따라 비용 발생
A/S, 관리, 피드백	1년 ~ 2년	1년 ~ 2년	1년 ~ 2년	150년 무료
총 비용	초기 비용 100 ~ 200만 원 매달 비용 3 ~ 10만 원	초기 비용 500 ~ 1,000만 원 매달 비용 5 ~ 20만 원	초기 비용 1,000 ~ 2,000만 원 매달 비용 5 ~ 20만 원	초기 비용 무료 매달 비용 5 ~ 10만 원

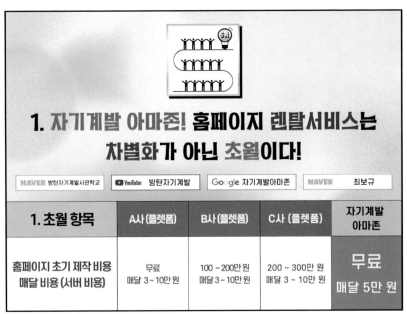

1. 초월 항목	A사 (플렛폼)	B사 (플렛폼)	C사 (플렛폼)	자기계발 아마존
홈페이지 초기 제작 비용 매달 비용 (서버 비용)	무료 매달 3~10만 원	100~200만 원 매달 3~10만 원	200~300만 원 매달 3~10만 원	무료 매달 5만 원

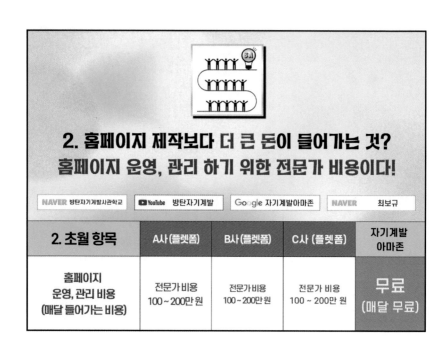

2. 홈페이지 제작보다 더 큰 돈이 들어가는 것?
홈페이지 운영, 관리 하기 위한 전문가 비용이다!

2. 초월 항목	A사 (플렛폼)	B사 (플렛폼)	C사 (플렛폼)	자기계발 아마존
홈페이지 운영, 관리 비용 (매달 들어가는 비용)	전문가 비용 100~200만 원	전문가비용 100~200만 원	전문가 비용 100 ~ 200만 원	무료 (매달 무료)

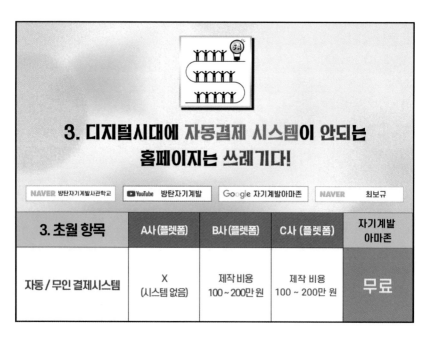

3. 디지털시대에 자동결제 시스템이 안되는
홈페이지는 쓰레기다!

3. 초월 항목	A사 (플렛폼)	B사 (플렛폼)	C사 (플렛폼)	자기계발 아마존
자동 / 무인 결제시스템	X (시스템 없음)	제작 비용 100~200만 원	제작 비용 100 ~ 200만 원	무료

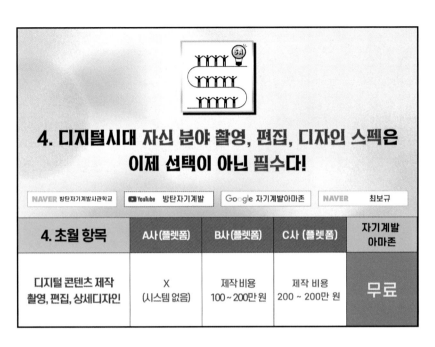

4. 디지털시대 자신 분야 촬영, 편집, 디자인 스펙은 이제 선택이 아닌 필수다!

NAVER 방탄자기계발사관학교 　YouTube 방탄자기계발　Google 자기계발아마존　NAVER 최보규

4. 초월 항목	A사 (플렛폼)	B사 (플렛폼)	C사 (플렛폼)	자기계발 아마존
디지털 콘텐츠 제작 촬영, 편집, 상세디자인	X (시스템 없음)	제작 비용 100~200만 원	제작 비용 200~200만 원	무료

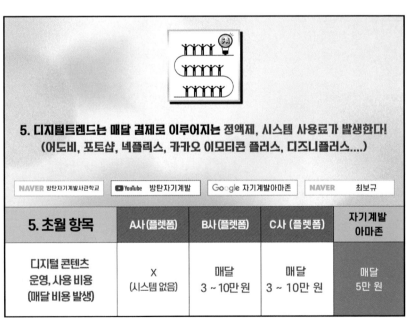

5. 디지털트렌드는 매달 결제로 이루어지는 정액제, 시스템 사용료가 발생한다! (어도비, 포토샵, 넥플릭스, 카카오 이모티콘 플러스, 디즈니플러스....)

NAVER 방탄자기계발사관학교 　YouTube 방탄자기계발　Google 자기계발아마존　NAVER 최보규

5. 초월 항목	A사 (플렛폼)	B사 (플렛폼)	C사 (플렛폼)	자기계발 아마존
디지털 콘텐츠 운영, 사용 비용 (매달 비용 발생)	X (시스템 없음)	매달 3~10만 원	매달 3~10만 원	매달 5만 원

6. 협회, 단체, 단톡방, 밴드... 많은 모임들을 한 곳에서 자유롭게 교류, 모집, 콘텐츠 공유를 통해 고립되고 있는 모임들 활성화!

NAVER 방탄자기계발사관학교　　▶YouTube 방탄자기계발　　Google 자기계발아마존　　NAVER 최보규

6. 초월 항목	A사 (플렛폼)	B사 (플렛폼)	C사 (플렛폼)	자기계발 아마존
협업을 통한 회원 모집, 교류 시스템	X (시스템 없음)	X (시스템 없음)	X (시스템 없음)	홈페이지 통합 시스템 협업으로 회원을 모집, 교류, 공유

7. 앞으로는 자신 분야 한 가지 콘텐츠로 살아남지 못한다. 자신 분야를 연결시킬 수 있는 3 ~ 5개 콘텐츠를 개발하여 무인 시스템이 되는 콘텐츠로 연결시켜 제2, 제3, 제4 수입 창출하자!

NAVER 방탄자기계발사관학교　　▶YouTube 방탄자기계발　　Google 자기계발아마존　　NAVER 최보규

7. 초월 항목	A사 (플렛폼)	B사 (플렛폼)	C사 (플렛폼)	자기계발 아마존
콘텐츠 개발, 연결 (제2, 제3, 제4 수입 창출)	X (시스템 없음)	X (시스템 없음)	제작 비용 500 ~ 1,000만 원	무료 컨설팅 (기획, 제작) 콘텐츠에 따라 비용 발생

8. 114처럼 언제든지 물어볼 수 있는
삼성(진정성, 전문성, 신뢰성)이 검증된 전문가가
150년 함께 한다면 자신 분야에서 인정, 변화, 성장할 것이다!

8. 초월 항목	A사 (플랫폼)	B사 (플랫폼)	C사 (플랫폼)	자기계발 아마존
A/S, 관리, 피드백	1년 ~ 2년	1년 ~ 2년	1년 ~ 2년	150년 무료

NAVER 방탄자기계발사관학교　▶YouTube 방탄자기계발　Google 자기계발아마존　NAVER 최보규

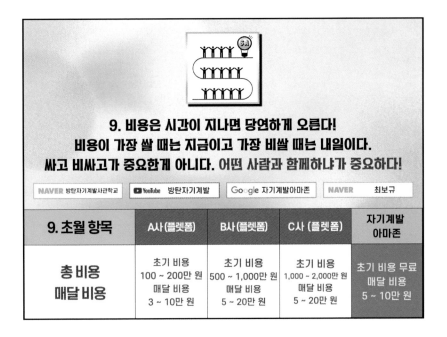

9. 비용은 시간이 지나면 당연하게 오른다!
비용이 가장 쌀 때는 지금이고 가장 비쌀 때는 내일이다.
싸고 비싸고가 중요한게 아니다. 어떤 사람과 함께하냐가 중요하다!

NAVER 방탄자기계발사관학교　▶YouTube 방탄자기계발　Google 자기계발아마존　NAVER 최보규

9. 초월 항목	A사 (플랫폼)	B사 (플랫폼)	C사 (플랫폼)	자기계발 아마존
총 비용 매달 비용	초기 비용 100 ~ 200만 원 매달 비용 3 ~ 10만 원	초기 비용 500 ~ 1,000만 원 매달 비용 5 ~ 20만 원	초기 비용 1,000 ~ 2,000만 원 매달 비용 5 ~ 20만 원	초기 비용 무료 매달 비용 5 ~ 10만 원

온라인 건물주

해보자! 해보자! 이제는 당신 차례!

최보규 타워　　온라인 건물주

자신 분야 디지털콘텐츠 제작으로 100년 월세, 연금 받자!

디지털 플렛폼	디지털 콘텐츠 수입 발생 (무인 시스템)	100년 월세, 연금 발생
자기계발아마존 1층 ~ 3층	온라인 건물주 되는 자격증 교육! 온라인 자기계발코칭전문가2급 자존감, 멘탈, 습관, 행복, 사랑, 웃음, 강사, 책쓰기, 유튜버 9개 분야 코칭	자격증, 재교육, 강사섭외, 코칭 종이책, 전자책 수입 발생
클래스유 4층	자신 분야 삼성(진정성, 전문성, 신뢰성)을 높여 제2수입, 3수입 올리는 방탄자기계발	영상, 자격증, 강사섭외, 코칭 종이책, 전자책 수입 발생
클래스101 5층 ~ 15층	강사 분야, 사랑 분야, 습관 분야, 자존감 분야, 행복 분야, 자기계발 분야 영상 원포인트 클래스 / 전자책	영상, 강사섭외, 코칭 종이책, 전자책 수입 발생
크몽 16층 ~ 22층	강사 분야, 사랑 분야, 습관 분야, 자존감 분야, 행복 분야, 자기계발 분야 영상 / 코칭 / 전자책	영상, 자격증, 강사섭외, 코칭 종이책, 전자책 수입 발생
탈잉 23층 ~ 25층	자존감 분야, 습관 분야, 행복 분야 / 전자책	강사섭외, 코칭 종이책, 전자책 수입 발생
인클 26층	4차 산업시대는 4차 자기계발인 방탄자기계발	영상, 자격증, 강사섭외, 코칭 종이책, 전자책 수입 발생
디지털 서점 27층 ~ 50층	출간 한 12권 자기계발서 종이책 , 전자책	검증된 전문가 강사료 10배 상승

자신 분야 디지털콘텐츠 제작으로
100년 월세, 연금 받자!

언제까지! 몸으로만 일 할 것인가?

자신 분야 무인시스템!
자신 분야 디지털콘텐츠(AI)가 일하게 하자!

전문 분야가 없는데도 가능한가요?

20,000명 상담, 코칭 한
검증된 최보규 전문가가 전문 분야를 만들어 줍니다.

전문 분야는 있는데 엄두가 안 나요?

20,000명 상담, 코칭 한 검증된 최보규 전문가가
맞춤 컬설팅으로 목표, 방향을 잡아 줍니다.

157

자신 분야 디지털콘텐츠 제작으로
100년 월세, 연금 받자!

자신 분야 책을 출간해서 전문가 될 수 있나요?

자기계발 책 12권 출간해서 50개 디지털콘텐츠로
제작한 노하우를 전수해 드립니다.

출간한 책이 있는데 디지털콘텐츠 만들 수 있나요?

자기계발 책 12권 출간해서 50개 디지털콘텐츠로
제작한 노하우를 전수해 드립니다.

**책 쓰기만, 책 출간만 하는 것이 아닌
디지털콘텐츠 제작, 홍보 영상 제작, 책으로 강의 교안 작업
모두 할 수 있는 책 출간 가능한가요?**

책 쓰기, 책 출간만 하고 끝나는 것 이 아닌
책으로 할 수 있는 모든 것을 책 쓰기 시작할 때 함께 합니다!
그래서 몇 천 들어가는 비용을 10배 줄여 줍니다.

자신 분야 디지털콘텐츠 제작으로
100년 월세, 연금 받자!

출간한 책으로 강사직업을 할 수 있나요?

책을 출간하면 작가라는 타이틀이 생기고 출간한
책을 교안으로 만들어서 강사 직업까지 할 수 있습니다.
강사 직업 시작 ~ 100년 차 까지 년차별 준비!

강사 직업을 배울 수 있나요? 강사료를 올리고 싶어요?

대한민국 최초 강사 백과사전, 강사 사용설명서를
창시한 검증된 강사 양성 전문가가 강사 직업
시작 ~ 100년 차까지 연차별 트레이닝 시켜 줍니다.

디지털 시대에 가장 중요한 3가지 스펙! 배울 수 있나요?

영상 촬영 편집 기술, 홍보 디자인 제작 기술, 온라인. 디지털 콘텐츠 제작 기술

자기계발 책 12권 출간해서 50개 디지털콘텐츠로
제작한 노하우를 전수해 드립니다.

자신 분야 디지털콘텐츠 제작으로
100년 월세, 연금 받자!

등록한 민간자격증으로 디지털콘텐츠 만들 수 있나요?

한번 제작한 영상으로 평생 수입을
낼 수 있는 디지털콘텐츠 제작할 수 있습니다.

등록한 민간자격증으로 책을 출간할 수 있나요?

자격증 교육 과정 커리큘럼이 있다면
책 출간 80%는 끝났습니다.

강의 분야로 PPT교안으로 책을 출간할 수 있나요?

PPT교안이 있다면
책 출간 80%는 끝났습니다.

자격증 수입 발생 8단계 시스템

일반 자격증(99,99%) vs 방탄자기계발사관학교

일반 자격증(99,99%)	수입 창출 8단계 시스템	방탄자기계발사관학교
10,000개 기관 (등록된 민간 자격증)	수입 창출 8단계 시스템	방탄자기계발사관학교 (등록된 민간 자격증)
오프라인 교육 외 수입 발생 없음	오프라인 수입	오프라인 교육과 디지털, 온라인 콘텐츠 연결 수입 발생
기관대 기관 자격증 교류 극 소수	타기관 자격증 과 협업 수입	기관 대 기관 전문 분야 자격증 과정 교류를 통한 수입 발생
없음 (X) / 비수기 있음	무인 재교육 수입 월세, 연금성 수입	자기계발아마존 무인시스템 비수기가 없음 (사무실, 직원 없음)
없음 (X)	디지털 콘텐츠 월세, 연금성 수입	자격증 과정 영상 제작으로 재능마켓 판매 (클래스101, 클래스유, 크몽, 탈잉, 자기계발 아마존, 오투잡, 인클....)
없음) (X)	온라인 콘텐츠 수입	자기계발 아마존 온라인 시스템 제작한 영상으로 온라인 수입 발생
없음 (X)	자격증 1:1 코칭 수입	코칭전문가 커리큘럼을 통한 특별, 심화, 1:1 코칭 수입 발생
없음 (X)	자격증 책 출간(인세)	자격증 커리큘럼으로 종이책, pdf 책 출간 평생 인세 발생
없음 (X)	홍보, 몸값 상승	재능마켓에서 자동 홍보, 책 출간으로 전문 분야 인정 강사료 상승

자존감 게임은

하루가 멀다 하고 자신 행복을 위협하는
세상, 현실, 사람들로부터
나다운 행복을 지키기 위한 자존감 게임입니다!

인생은 게임이다! 세상, 현실, 또라이분들에게
지지(당하지) 않기 위한 12 스펙은 필수!

인생은 게임이다! 세상, 현실, 또라이분들에게 지지(당하지) 않기 위한 12 스펙은 필수!

01

인생은 게임이다! 자존감 게임!

첫 번째 게임 : 방탄자존감1

NAVER 방탄카피사전

상처 케어

아픈 만큼 성숙해진다? 아프면 환자다!
아픈 것을 극복할 때 성숙해진다.
4차 산업시대에 맞는 4차 힐링, 위로, 격려
4차 자존감은 방탄자존감

02

인생은 게임이다! 자존감 게임!

두 번째 게임 : 방탄자존감2

NAVER 방탄자존감명언

자존감케어

4차 산업시대에 맞는
4차 자존감인 방탄자존감으로 업데이트
방탄자존감은 선택이 아닌 필수!

인생은 게임이다! 세상, 현실, 또라이분들에게
지지(당하지) 않기 위한 12 스펙은 필수!

03

인생은 게임이다! 자존감 게임!

첫 번째 게임 : 방탄자존감3

자존감케어

방탄자존감은 행복, 사랑, 돈, 인간관계, 인생, 꿈 등
이루고 싶은 것을 마법처럼 바꿔준다.
방탄자존감에 답이 있다!

04

인생은 게임이다! 자존감 게임!

네 번째 게임 : 방탄멘탈

멘탈 케어

4차 산업시대에 맞는 4차 멘탈로 업데이트!
4차 산업시대에 생기는
우울, 스트레스는 4차 멘탈 업데이트로
치유가 아닌 치료, 극복할 수 있다.

인생은 게임이다! 세상, 현실, 또라이분들에게
지지(당하지) 않기 위한 12 스펙은 필수!

인생은 게임이다! 자존감 게임!

05

다섯 번째 게임 : 방탄습관

NAVER 방탄습관블록

습관 케어

당신이 그토록 찾고 있던 습관 공식!
습관도 레고 블록처럼 쉽고, 즐겁게 쌓자!
물리학계의 천재 아인슈타인
습관계 천재 습관 아인슈타인 최보규

인생은 게임이다! 자존감 게임!

06

여섯 번째 게임 : 방탄행복

NAVER 행복히어로

행복 케어

20,000명을 상담하면서 알게 된 사실!
당신이 행복하지 않는 이유 단언컨대
행복 학습, 연습, 훈련을 하지 않아서다.
행복도 스펙이다!

인생은 게임이다! 세상, 현실, 또라이분들에게 지지(당하지) 않기 위한 12 스펙은 필수!

07

인생은 게임이다! 자존감 게임!

일곱 번째 게임 : 방탄자기계발1

공군사관학교, 해군사관학교, 육군사관학교는 체계적인 시스템 속에서 군인정신 학습, 연습, 훈련을 통해 정예장교(군 리더, 군사 전문가)를 육성하는 학교라면 방탄자기계발 사관학교는 체계적인 시스템 속에서 나다운 자기계발 학습, 연습, 훈련을 통해 배움, 변화, 성장으로 끝나는 것이 아닌 자신 분야 삼성(진정성, 전문성, 신뢰성)을 올리고 자신 분야를 온, 온프라인 무인 시스템과 연결시켜 비수기 없는 지속적인 수입을 올릴 수 있는 시스템을 함께 만들어가는 학교

08

인생은 게임이다! 자존감 게임!

여덟 번째 게임 : 방탄자기계발2

자기계발 케어

세상의 자기계발 못하는 사람은 없다.
다만 자기계발 잘하는 방법을 모를 뿐이다.
4차 산업시대에 맞는 4차 자기계발은
방탄자기계발

인생은 게임이다! 세상, 현실, 또라이분들에게 지지(당하지) 않기 위한 12 스펙은 필수!

09

인생은 게임이다! 자존감 게임!

아홉 번째 게임 : 방탄자기계발3

자기계발 케어

노오력 자기계발이 아닌!
올바른 노력을 통한
자생능력(스스로 할 수 있는 능력)을 향상시켜
나다운 인생, 나다운 행복을 만들 수 있다.

NAVER 방탄자기계발

10

인생은 게임이다! 자존감 게임!

열 번째 게임 : 방탄자기계발4

자기계발 케어

자기계발도 시스템 안에서 해야지 자생능력이 생겨 오래
지속된다. 이제는 자기계발도 즐겁게, 쉽게, 함께
자기계발 사관학교에서 코칭 받고 150년 관리받자.

NAVER 방탄자기계발

인생은 게임이다! 세상, 현실, 또라이분들에게
지지(당하지) 않기 위한 12 스펙은 필수!

11 인생은 게임이다! 자존감 게임!

열한 번째 게임 : 방탄강사

NAVER 나다운강사1

방탄강사 케어

강사는 누구나 한다!
나다운 강사는 누구도 될 수 없다.
나다운 강사만
강사 직업을 100년 한다!

12 인생은 게임이다! 자존감 게임!

열두 번째 게임 : 방탄강의

NAVER 나다운강사2

방탄강의 케어

세상의 강의 못하는 사람은 없다.
다만 강의 잘하는
방법을 모를 뿐이다.
2021 ~ 2150년 강의 트렌드

○△□

인생은게임
자존감 게임

하루가 멀다 하고 자신 행복을 위협하는
세상, 현실, 사람들로부터
나다운 행복을 지키기 위한 게임입니다!

게임을 시작하고 싶다면 상담받으세요!

오징어 게임은 탈락이 있지만 자존감 게임은 탈락이 없습니다!
시작하면 150년 a/s, 관리, 피드백 (150년 깐부)
우주 최고 책임감으로 자기계발 주치의가 되어 드립니다.

Thank-you

▶ YouTube   올바른 노력을 안해서다?

노력이 배신하는 이유? 올바른 노력을 안해서다?
방탄자기계발최보규

자기계발코칭전문가

▶ YouTube   자기계발코칭전문가

← 자기계발코칭전문가   ✕   🎤   📶   ⋮

3:07

 자기계발코칭전문가/경력은 스펙이 아니다! 4차   ⋮
산업 시대 자신 분야 전문가 되기 위한 3가지 스펙?

▶ YouTube   당신이 그토록 찾고 있던 습관 공식!

19:39

방탄습관 BTS습관 당신이 그토록 찾고 있던 습관 공식

방탄자기계발최보규

지금 인생, 내 분야, 변화하고 싶은데?
계기를 만들고 싶은데?
지금 이대로는 안되겠다고 생각만 하시죠?

지금처럼 살면 안 되는데...
지금부터 살아야 되는데...
때를 기다리면 안 되는데...
때를 만들어 가고 싶은데...

당신의 **자기계발 습관** 은
어떤가요?

유튜브 자기계발 영상 100개
자기계발 강의 100개
자기계발 책 100권 보면

가능할 거라 생각하세요?
해 봤잖아요. 안되다는 거!

인생을 바꾸는 **방.탄.자.기.계.발.습.관**

기초부터

자생능력: 스스로 할 수 있는 능력

자생능력이
생길 때까지

학습·연습·훈련

방탄자기계발

1:1 코칭

한번 코칭, 회원제로
무한반복 학습·연습·훈련

세계 최초 150년 a/s, 피드백, 관리 시스템!

빠른 상담, 선택이 곧 변화, 성장, 실력 차이!

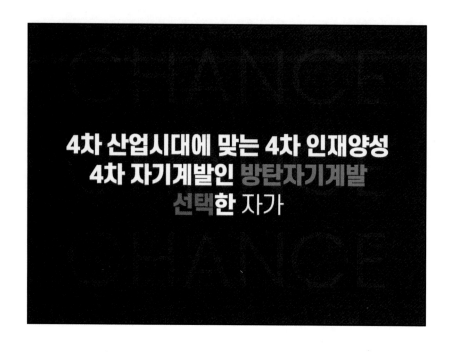

4차 산업시대에 맞는 4차 인재양성
4차 자기계발인 방탄자기계발
선택한 자가

기회를 잡고
변화, 성장 한다!

나다운 인생으로 바꾸는
방탄자기계발 습관으로
바꾸고
싶다면

**자기계발아마존에서 방탄자기계발
영상시청, 1:1 코칭이 답이다!**

차별화가 아닌 초월 방탄자기계발 학습, 연습, 훈련

우주 최강 책임감!
'세계 최초' 150년 a/s, 피드백, 관리 시스템
인스턴트 인연이 아닌 손 뻗으면 닿는
몸, 머리, 마음 케어를 해주는 주치의가 되어 드립니다.

강한 사람, 우수한 사람이 살아남는 게 아니다.
시대에 맞게 변화하는 사람만 살아남는다.

강한 사람, 우수한 사람이 살아남는 게 아니다.
시대에 맞게 변화하는 사람만 살아남는다.

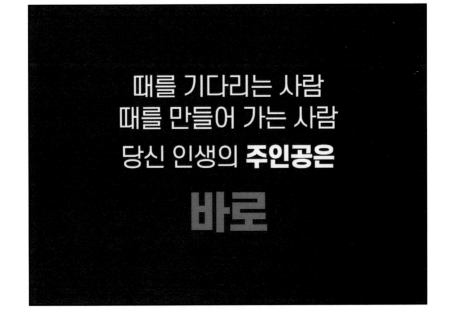

때를 기다리는 사람
때를 만들어 가는 사람
당신 인생의 **주인공은**

바로

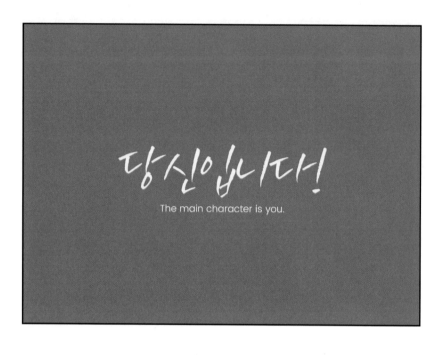

당신입니다!

The main character is you.

CKOI
BO
KYU

"어제보다 나은
사람이 되자!"

방탄자기계발 창시자
최보규 원장
010-6578-8295
nice5889@naver.com

비교해라?
어제의 나와 끊임없이 비교해라

[어제의 나와 비:교]

비교는 사람의 자연스러운 심리다.
부정의 비교보다는 긍정의 비교로 어제보다 0.1% 학습, 연습, 훈련으로
어제보다 나은 사람이 된다.

출처: 방탄가기계발사전

SNS 시대 끊임없는 부정의 비교로
상대적 불행, 상대적 불만, 상대적 우울감······

그래도 나는 괜찮은 사람인데....
잘하는 건 없지만 못하는 것도 없다는 태도로 사는데...

SNS 속 쇼윈도 행복을 보고
비교하는 나를 보면 자신, 내 분야 자존감, 자신감이 낮아진다...

그래서, 스스로 이런 말들을 되뇌인다

나도 저 사람만큼
열심히 하고 싶은데...

왜 저 사람만큼 못하는지
열등감, 자격지심이 올라온다...

난 행복할 수 있을까?
내 분야에서 잘 할 수 있을까?
이생마!
이번 생은 망했나?

그렇지 않습니다!

100년을 살아도
오늘은 누구나 처음
내일은 그 누구도 모릅니다!

살아온 날로
살아갈 날 단정 짓지 말자!

누구든지 처음부터

 잘하는 사람은

없습니다

우리는 각자 자기만의

 속도가(나다움) 있습니다

결승점에 빠르게 혹은

느리게 도착할 수도 있습니다

타인과 자신을

비교하지 않고

어제의 나와 비교하자

노력이 **배신하는 시대**

노오력이 아닌

올바른 노력으로

자기만의 **속도로**

천천히 그리고

꾸 준 히

나아가다 보면 원하는 지점에 도착할 수 있습니다!

토닥! 토닥!
힘내세요!
다시 해 봅시다!

잘하지 않아도 괜찮아!
부족하니까 사랑스럽지!
지금 잘하고 있는 거 알죠!

출처, 참고서적

방탄자기계발 소개

『확신』 롭 무어, 다산북스, 2021

1장 방탄자존감

『마음을 밝혀주는 소금 1』 유동법, 움직이는 책 1997

『나다운 방탄 카피 사전』 부크크(Bookk), 최보규, 노재광, 2021

『나다운 방탄자존감 명언 I』 부크크(Bookk), 최보규, 2021

『나다운 방탄자존감 명언 II』 부크크(Bookk), 최보규, 2021

자기계발코칭전문가 1

발 행 | 2022년 09월 07일

저 자 | 최보규

펴낸이 | 한건희

펴낸곳 | 주식회사 부크크

출판사등록 | 2014.07.15.(제2014-16호)

주 소 | 서울특별시 금천구 가산디지털1로 119 SK트윈타워 A동 305호

전 화 | 1670-8316

이메일 | info@bookk.co.kr

ISBN | 979-11-372-9433-2

www.bookk.co.kr